Auf dem Scherbenhaufen der Politik

Wie schlecht regiert wird und wie man es besser machen kann

Bibliografische Information der Deutschen Nationalbibliothek: Die Deutsche Nationalbibliothek verzeichnet diese Publikation in der Deutschen Nationalbibliografie; detaillierte bibliografische Daten sind im Internet über http://dnb.dnb.de abrufbar.

Herstellung und Verlag:
BoD - Books on Demand, Norderstedt

Lektorat: Henning Aubel
Coverlayout: Sabine Abels | *www.e-book-erstellung.de*

Erste Auflage: 09.02.2017

ISBN: 978 3 743 19023 8

Inhaltsverzeichnis

Demokratie 9

   Machtstaat 10

   Historischer Exkurs: Feudalherrschaft.................12

   Undemokratische Methoden 14

   Demokratiekiller 18

   Das Volk entscheidet! 20

Moral 22

Ehrlichkeit 23

   Lügen Politiker? 24

   Stehlen Politiker? 24

   Sind Politiker rechtschaffend? 26

   Sind Politiker fair? 26

   Sind Politiker geradlinig? 27

   Sind Politiker offen? 28

Glaubwürdigkeit 29

Vertrauen 31

Kompetenz 33

Kommunikation und Politikersprache 35

   Nichts sagen, … 35

   … viel reden 37

   Unwörter 38

Nebel statt Klarheit 40

Manipulation? 42

Schauspiel Politik 44

Charlie Hebdo 46

Klimaschutz...47

Homosexuelle Ehen und Frauenquote 50

Talkshows..50

G7-Gipfel in Weiß-Blau 52

Epidemien und Gesundheit 52

IS-Terror 54

Ukraine 55

Spektakel ohne Mehrwert 55

Parteien-Einheitsbrei 56

Machtverteilung 60

Halbwahrheiten 62

Kriege Schaffen 64

Der Profit der Rüstungskonzerne 66

Waffen gegen Terroristen, Hilfe für Demokraten? 67

Israel und die Palästinenser 69

Wahhabiten und Muslimbrüder 70

Sanktionen, Interventionen – Anarchie 71

Zusammenarbeit mit Diktaturen 76

Korruption ignorieren...77

Entstehung von Terrorgruppen fördern 80

Versäumnisse und Fehler.................................82

Islamismus und Islam.................................86

Dschihadisten und Salafisten 88

PEGIDA 92

Ukraine-Politik 95

Finanzpolitik 97

Die schwarze Null.................................98

Euro-Rettung unter falschen Vorzeichen............100

Umverteilung.......................................103

Fehler vertuschen 104

Vorbilder, die keine sind..........................105

Staatsschulden 106

Geld drucken, Schulden machen.....................107

Mogelpackung „Weiter so" 109

Bankenrettung 112

Familien-, Sozial- und Arbeitspolitik 116

Frauenquote.......................................116

Arbeitslosigkeit 117

Flüchtlingspolitik 122

Das Spiel mit Zahlen..............................124

Europäische Daumenschrauben 127

Lösungswege 129

Kein Wille, kein Konzept, keine Übersicht........133

Verantwortung übernehmen 138

Integration, Kontrolle, Aufklärung.....................143

Rechtsextremismus 148

Nutzen für wenige 150

Verkehrspolitik 154

Kraftstoffpreise – eine Rechnung......................155

Stau-Einnahmen 156

Laientheater Pkw-Maut.....................................158

Energiepolitik 159

Atomausstieg – wer zahlt? 160

Kohle – für wen?..163

TTIP/CETA – Ausverkauf europäischer Interessen 164

Wie verhandelt wird..168

Auf dem Prüfstand – Fracking 169

Aushebelung europäischer Standards 171

Strittige Schiedsgerichte...................................175

Geheimverhandlungen 176

Freihandelsabkommen gefährden Arbeitsplätze .178

Nicht fair, nicht gerecht.....................................179

Rentenpolitik 181

Lobbyismus 186

Aufsehenerregende Wechsel 189

   Politiker als Wirtschaftsfreunde 191

Der gläserne Bürger 192

Wahlbeteiligung 200

Gutes und schlechtes Regieren 210

Im Jahr 2025 217

Was die Politik tun muss 221

Schlusswort 224

Demokratie

Das Wort Demokratie kommt aus dem Griechischen und bedeutet „Volksherrschaft". Jeder Staat gibt sich eine Ordnung, die festlegt, wer bestimmen darf. Wer z. B. festlegen darf, an welche Gesetze sich alle halten müssen. In einer Demokratie bestimmen darüber die Bürger des Staatsvolkes.

Die Idee der Volksherrschaft ist alt. Kluge Menschen haben sich diese Regierungsform im 6. Jahrhundert v. Chr. ausgedacht. Sie fanden es sehr ungerecht, dass immer nur einer, etwa ein König oder ein Tyrann, oder nur wenige (Oligarchie) die Macht im Staat innehatten. Ihre Idee war, dass jeder Bürger das Recht haben sollte mitzubestimmen. Alle Bürger sollten also ein Stück Macht erhalten.

Ein wesentlicher Bestandteil der Demokratie ist das Prinzip der Gewaltenteilung, wie sie z. B. das Grundgesetz festschreibt.

• Legislative (gesetzgebende Gewalt) – auf Bundesebene Bundestag und Bundesrat,

• Exekutive (vollziehende Gewalt) – auf Bundesebene die Bundesregierung

• Judikative (rechtsprechende Gewalt) – die (ordentlichen) Gerichte

Die Gewalten sollen sich gegenseitig kontrollieren. Dadurch wird Macht begrenzt und beschränkt.

Theoretisch. Wie sieht es in der Praxis aus? Einige Beobachtungen dazu:

Bei der Gesetzgebung sitzt die Wirtschaft direkt am Tisch und schlägt Gesetze vor, die dann oft unverändert übernommen werden. Die Instrumente der vollziehenden Gewalt, etwa die Polizei, ist hoffnungslos unterbesetzt; private Sicherheitsfirmen, sogar Bürgerwehren, übernehmen hoheitliche Aufgaben. Die Rechtsprechung ist teilweise unter der Kontrolle von Privatpersonen. So fällen Richter aufgrund von Sachverständigengutachten ihr Urteil – Gutachten, die teilweise die Interessen des Auftraggebers widerspiegeln. Vom Gericht bestellte Betreuer bringen von ihnen betreute Menschen um ihr Vermögen.

Das Fundament der Demokratie bröckelt. Der Bürger bestimmt zwar, wer die Gesetze macht und wer die Macht im Staat hat. Allerdings kann der Bürger häufig nur noch zwischen Volksvertretern wählen, welche die Interessen bestimmter Lobbygruppen vertreten.

Machtstaat

Daher müssen wir uns Gedanken machen, welche Staatsform wir eigentlich haben. Im Grunde ist die Bundesrepublik Deutschland, wie auch die Europäische Union, eine Mischung aus Machtstaat und Feudalherrschaft. In seinem Werk „Der Fürst" hat Niccolò Machiavelli (* 1469, † 1527) einst einen Staat beschrieben, der aus der Herrschaft der Starken entsteht.

Diese Herrschaft beruht wesentlich auf der Zustimmung der Schwachen. Ein Fürst braucht nur (militärisch) zu siegen und seine Herrschaft behaupten, so werden seine Mittel immer für ehrenvoll gehalten und von jedem gepriesen. Denn der Pöbel lässt sich vom Augenschein und Erfolg blenden. Und in der Welt gibt es nur den Pöbel ohne Rückgrat.

Genau so handeln auch Politiker in Deutschland: Sie behaupten ihre Herrschaft, indem sie ihre Politik so verkaufen, als handelten sie ehrenvoll. Mit Scheinerfolgen sollen ihre Wähler, die aus Entscheidungsprozessen ausgeschlossen werden, überzeugt werden. Auch sorgen die Machtinhaber dafür, dass andere sie nicht verdrängen können, etwa indem der Bevölkerung systematisch Bildung und Weiterbildung verwehrt wird. Es ist bekannt, dass das deutsche Bildungsniveau nur dem OECD-Durchschnitt entspricht.

Ein Beispiel dazu: Ein Hartz-IV-Empfänger erhält so lange Leistungen, wie er sich nicht weiterbildet oder eine Maßnahme des Jobcenters annimmt. Sobald er eine Ausbildung oder ein Studium beginnt, werden seine Leistungen gestrichen, weil er dem Arbeitsmarkt nicht mehr zur Verfügung steht. Das gilt auch für Studien und Ausbildungen, die große Chancen auf einen Wiedereinstieg ins Arbeitsleben versprechen. Dem Betroffenen wird der finanzielle Boden entzogen, wenn er sich weiterbilden möchte. Ihm wird ein neuer Berufseinstieg verwehrt.

„Der Pöbel wird nicht standhalten, wenn er nicht genügend Rückhalt findet", so Machiavelli. Rein wissenschaftlich gesehen sind wir ebenfalls auf dem Weg in einen Machtstaat. Denn die Demokratie verliert ihr Fundament, was durch politisches Desinteresse, Politikverdruss, geringe Wahlbeteiligung und das Aufkommen von Organisationen wie PEGIDA belegt werden kann.

Historischer Exkurs: Feudalherrschaft

Im Feudalismus überließ der Fürst einer Kriegerkaste Teile seines Grund und Bodens, einschließlich der darauf befindlichen Bewohner, zur materiellen Versorgung. Dieses Lehen („feudum" oder „beneficium") wurde anfänglich nur verliehen, gleichsam als Gegenleistung für Loyalität (Treue) und (militärische) Unterstützung durch den Vasallen. Aus dem Lehensverhältnis entwickelte sich im Lauf der Zeit herrschaftliche und wirtschaftliche Rechtsnormen, die den unteren Stand der Bauern unfrei und wirtschaftlich abhängig machte und ihn damit auch von der politischen Willensbildung ausschloss.

Der Feudalismus war von der Naturalwirtschaft geprägt. Der überwiegende Teil der Bevölkerung bestand aus Bauern. Sie waren größtenteils nicht Eigentümer des von ihnen bestellten Landes, sondern einem Grundherrn hörig. Das bedeutet:

- Sie waren an die Scholle (das zu bestellende Land) gebunden (glebae adscripti) und hatten nicht das Recht, sie zu verlassen.

12

- Sie waren der Rechtsprechung ihres Herrn unterworfen.

- Sie schuldeten dem Grundherrn Abgaben, sowohl in Form von Arbeitsleistungen (Fron) auf dem direkt vom Grundherrn bestellten Land (Salland) als auch in Form von Naturalabgaben, die aus demjenigen Stück Land aufgebracht werden mussten, das sie selbst bewirtschafteten. Frondienste und Naturalabgaben wurden später größtenteils durch Geldabgaben abgelöst.

Zur Beurteilung des Feudalismus als Wirtschaftssystem gehört auch die Beobachtung, dass ein Teil der Einnahmen des Feudalherrn wieder verteilt wurde, etwa als patriarchalisches Almosen oder als Geschenk an besonders „treue" Vasallen. Der Feudalherr hatte nämlich für Gerechtigkeit zu sorgen, (die allerdings in der Realität nur selten erreicht wurde. Auch wich das damalige Rechtsempfinden deutlich vom heutigen ab).

Der Feudalismus kann durchaus mit der Ausprägung unserer Demokratie verglichen werden. Die Lehensherren sind die Politiker, die Kriegerkaste ist die Wirtschaft, die Bauern sind das Volk. Die Wirtschaft erhält Wohltaten auf Kosten der Bevölkerung, z. B. Subventionen und Steuervergünstigungen; Banken werden mit großem Aufwand „gerettet". Aus diesen Wohltaten entstehen Rechtsansprüche. Die Bürger haben trotz ihres Wahlrechts nur noch wenig Einfluss auf die Politik. Sie sind „hörig" und „unfrei".

Undemokratische Methoden

Ein Beispiel für undemokratisches Vorgehen war die Verlängerung des Rettungspakets für Griechenland im Februar 2015. Damals stand die Zustimmung des Parlaments an. Im Vorfeld wurden in den Fraktionen Probeabstimmungen durchgeführt, um zu sehen, ob eine Mehrheit zustande kommt. Falls dem nicht so gewesen wäre, hätte man sich so lange um die Abweichler „gekümmert", bis eine komfortable Mehrheit sicher gewesen wäre.

Die geschlossene Haltung der Abgeordneten mithilfe des „Fraktionszwangs" hat nichts mit der Demokratie im Sinne des Grundgesetzes zu tun. Der Abgeordnete ist „Abgeordneter des ganzen deutschen Volkes", nicht seiner Partei. Nicht dieser ist er verpflichtet, sondern nur seinem Wahlkreis.

Ein abschreckender Vorgang war im März 2015 zu beobachten. Der CSU-Abgeordnete Peter Gauweiler legte sein Mandat nieder und trat von seinem Posten als stellvertretender Generalsekretär der CSU zurück. Der Grund war ein Konflikt mit dem CSU-Vorsitzenden und bayerischen Ministerpräsidenten Horst Seehofer über die Griechenland-Politik. Seehofer verlangte von Gauweiler, die Meinung des Parteivorsitzenden zum Thema Griechenland zu vertreten. Es war offensichtlich, dass Seehofer ihm den Rücktritt nahelegte. Wer nicht die Meinung des bayerischen Herrgotts vertritt, fliegt!

Ein weiteres Beispiel für undemokratische Methoden: Etwa zur gleichen Zeit hat die Bundesregierung beschlossen, Fracking unterhalb von 3000 Metern zu erlauben. Dazu ein Zitat der „Süddeutschen Zeitung" vom 1.4.2015: „Der Entwurf verbietet Fracking zur Ausbeutung sogenannter unkonventioneller Lagerstätten, wenn diese oberhalb von 3000 Metern Tiefe liegen. Das sind zum Beispiel Schieferschichten oder Kohleflöze, in denen Gas gebunden ist. In Deutschland befinden sich die wirtschaftlich derzeit interessanten unkonventionellen Lagerstätten in einer Tiefe von ein bis zwei Kilometern. Allerdings gibt es auch unterhalb dieser Grenze Schiefergasvorkommen."[1]

Wie immer hielt sich der Gesetzgeber ein Hintertürchen offen: Wer entscheidet, ob Trinkwasser gefährdet ist? Das macht die Wirtschaft selbst – als „Selbstverpflichtung"!

Probebohrungen mit Fracking-Flüssigkeiten sind erlaubt, wenn dies nicht das Trinkwasser gefährdet. Lohnt sich der Abbau, können Energieunternehmen eine Förderung beantragen. Wem kommt das Geschäft zu Gute?

In Naturschutz- und Wasserschutzgebieten soll Fracking verboten werden. Das heißt aber auch, dass Unfälle möglich sind und die oben erwähnte Erlaubnis Makulatur ist. In diesem Falle wird Fracking erlaubt, obwohl das Trinkwasser gefährdet wird. Ein Widerspruch par excellence!

Fracking in Verbindung mit TTIP oder CETA ist eine gefährliche Angelegenheit. Amerikanische, kanadische und europäische Unternehmen werden gegen mögliche Verbote oder nicht genehmigte Bohrungen klagen und die ordentlichen Gerichte in Deutschland haben nichts mehr zu entscheiden. Von der Wirtschaft gesteuerte Schiedsgerichte werden dann die Hürden aus dem Weg räumen. Das wird bereits heute praktiziert. RWE Innogy, Münchener Stadtwerke und Rheinenergie Köln haben Spanien verklagt, weil das Land Subventionen gestrichen hatte. – Die „Hintertürchen" sind in Wirklichkeit „Scheunentore". Soll ein Kleingärtner aus Castrop-Rauxel, München oder Hamburg gegen Shell klagen, weil Shell seinen Garten mit Fracking-Chemikalien verseucht hat?

Der Euro: Kein Bürger wurde in Deutschland gefragt, ob er die Einführung der Gemeinschaftswährung will. In einem Volksentscheid hätte wahrscheinlich die Mehrheit der Wahlbürger den Beitritt zur Europäischen Wirtschafts- und Währungsunion abgelehnt!

Diese Beobachtungen zeigen, dass in Deutschland Demokratie nur vorgegaukelt wird. Umso heuchlerischer erscheint die Gründung der „Westerwelle Foundation" durch den verstorbenen FDP-Politiker und ehemaligen Außenminister Guido Westerwelle. Diese Stiftung soll die Verbreitung von Demokratie und Rechtsstaatlichkeit in aller Welt fördern2. Politiker verpacken manchmal ihre Interessen mit einem exorbitanten Grad an Heuchelei!

Die Volksvertreter brüsten sich oft damit, dass sie sich für die Verteidigung von Rechtsstaat und Demokratie einsetzen. 2001 reichte die damalige Regierung unter Kanzler Schröder beim Bundesverfassungsgericht einen Antrag auf Verbot der NPD ein. Das Gericht sollte die Verfassungswidrigkeit der Partei feststellen und diese dann verbieten. Die meisten Bürger hielten ein solches Vorgehen sicher für richtig, denn derartige Parteien haben nichts in einem zivilisierten Land zu suchen. Die dilettantische Art und Weise, wie dieses Verfahren von der Regierung vorbereitet wurde, ist aber kritikwürdig. Weil sogenannte V-Leute des Verfassungsschutzes in der Führungsebene der Partei tätig waren, wurde das Verfahren 2003 eingestellt, ohne dass eine Verfassungswidrigkeit der NPD festgestellt worden war. Als 2012 die Mordserie des „Nationalsozialistischen Untergrunds" (NSU) um Mundlos, Böhnhardt und Zschäpe (2000–06) bekannt wurde, entschloss man sich, einen neuen Anlauf über den Bundesrat zu wagen. Inzwischen hat das Bundesverfassungsgericht zwar festgestellt, dass die NPD unsere freiheitlich demokratische Grundordnung ablehnt, es gehe von der NPD aber keine Gefahr mehr aus. Der Antrag wurde wieder abgelehnt.

Demokratiekiller

Demokratie ermöglicht jedem Bürger die Mitbestimmung im eigenen Staat. Das wird in der repräsentativen Demokratie u. a. dadurch gewährleistet, dass Volksvertreter gewählt werden. Bei der Bundestagswahl gibt es eine Erst- und eine Zweitstimme. Mit der Erststimme wählen wir einen Abgeordneten aus dem eigenen Wahlkreis, der unsere Interessen vertreten soll. Über eine Landesliste wird mit der Zweitstimme zusätzlich eine Partei gewählt. Die Zweitstimme ist ausschlaggebend für die Sitzverteilung im Parlament. Nach der Wahl sollten die gewählten Abgeordneten eigentlich die Interessen der Bürger vertreten. Leider ist dies in den seltensten Fällen so. Im Politikalltag unterliegen die Abgeordneten dem Fraktionszwang (siehe oben).

Ein weiterer Demokratiekiller ist der Ausschluss des Wählers aus Entscheidungsprozessen zwischen den Wahlen. Das wäre in einer direkten Demokratie anders. Sie ermöglicht Volksabstimmungen und Volksentscheide. Die gibt es in Deutschland im Wesentlichen nur auf kommunaler Ebene.

Selbst Kanzlerin Merkel trägt dazu bei, die Demokratie auszuhöhlen. Im Zusammenhang mit dem Bruch der selbst auferlegten Regeln in der Europäischen Währungsunion, bei der Verfolgung von Klimaschutzzielen oder der Mehrwertsteuererhöhung sprach sie immer wieder von Alternativlosigkeit. In einer echten Demokratie ist jedoch nichts alternativlos.

Im Gegenteil, die Demokratie lebt von ihren Wahlmöglichkeiten, also Alternativen. Eine „alternativlose" Politik kann deshalb nicht demokratisch sein. Alternativen sind immer vorhanden, aber der Unwille der Politik, Vor- und Nachteile offen darzulegen, ist größer.

Um „wirksamer" zu regieren und die Demokratie zu kontrollieren, nutzt die Kanzlerin Erkenntnisse aus dem Buch „Nudge" des Ökonomen Richard Thaler (Universität Chicago) und des Juristen Cass Sunstein (Harvard-Universität). Nudge bedeutet „Rippenstoß" oder „Schubser". Der Bürger soll selbst bei Entscheidungen, die ihn persönlich betreffen, etwa die Altersvorsorge, „in die richtige Richtung" geschubst werden. Ist der Schubs heftig, kann man auch von Manipulation sprechen. Mehr zu diesem Manipulationsprogramm im Kapitel „Manipulation?".

Eine weitere Gefahr für die Demokratie ist die Ausdünnung der Mittelschicht. Während die Unterschicht mit dem eigenen Überleben beschäftigt ist, hat die Mittelschicht die Motivation und die finanziellen Mittel, etwas zu bewegen und den demokratischen Wandel zu gestalten. Die Mittelschicht wird dagegen durch eine katastrophale Bildungspolitik und durch ökonomischen Druck in die Zange genommen. Wie ungerecht das Vermögen in Deutschland verteilt ist, kann man in zahlreichen Studien nachlesen. Geht es so weiter, werden wir bald

Verhältnisse haben, wie man sie aus vielen Schwellenländern kennt. Wenige Superreiche regieren dann über eine Schar von Verarmten und Verdummten.

Das Volk entscheidet!

Volksentscheid und Volksabstimmung sind nur schwer voneinander abzugrenzen. In Baden-Württemberg, der Schweiz und in Österreich wird das Instrument der direkten Demokratie als Volksabstimmung bezeichnet. In deutschen Städten, Gemeinden und Kreisen wird dieses Instrument als Bürgerentscheid bezeichnet. Es ist nicht zu verwechseln mit einer Wahl, denn durch eine Wahl werden Volksvertreter (Repräsentanten) bestimmt. Bei dem Volksentscheid entscheiden stimmberechtigte Bürger direkt über eine Sachfrage, z. B. ob ein Gesetz verabschiedet werden soll oder ob bestimmte Bauvorhaben durchgeführt werden sollen. Das Verfahren beginnt mit einem Volksbegehren oder auch einer Volksinitiative. Das ist eine Vorlage zu einer bestimmten Sachfrage, die von Bürgern eingebracht wurde. Abstimmungen, die ohne Begehren oder Initiative zustande kommen, werden als Referenden bezeichnet. Artikel 20 des Grundgesetzes legt Folgendes fest:

„Alle Staatsgewalt geht vom Volke aus. Sie wird vom Volke in Wahlen und Abstimmungen und durch besondere Organe der Gesetzgebung, der vollziehenden Gewalt und der Rechtsprechung ausgeübt."

Im Grundgesetz ist also festgeschrieben, dass der Bürger mitentscheiden darf. Leider ist dieser Artikel nicht sehr konkret. Das Volk ist zwar „souverän“, in der Praxis entscheiden aber meist Politiker, welche Sachfragen in einen Volksentscheid kommen.

Grundsatzfragen und wegweisende Angelegenheiten sollten direkt vom Wahlvolk entschieden werden. Dazu hätten etwa die Einführung des Euro, die Finanzhilfen an Griechenland oder der Ausstieg aus der Atomenergie gehört. Dazu könnte auch der Beitritt zu TTIP oder CETA gehören.

Seit 1946 wurden in Deutschland 22 Volksentscheide aufgrund von Volksbegehren und 45 Referenden durchgeführt. Teilweise lag die Wahlbeteiligung bei rund 70 %.[3] Das spricht für ein großes Interesse des Volkes, durch direkte Demokratie am politischen Entscheidungsprozess teilzuhaben. Leider fanden alle Referenden nur auf kommunaler und Landesebene statt. Sobald es darum geht, im Bund einen Teil der Macht an die Allgemeinheit abzutreten, sträubt man sich in Berlin. Demokratie wird gepredigt, aber nicht verwirklicht. Mitunter werden dem Bürger sogar Informationen über Sachverhalte vorenthalten, etwa bei TTIP. Das hat mit Demokratie nichts mehr zu tun.

Alle diese Beobachtungen weisen darauf hin, dass wir weniger in einer Demokratie als in einer „Streicheldiktatur“ leben: Vor Wahlen wird der Wähler

„gestreichelt" und nach der Wahl vor vollendeten Tatsachen gestellt.

Moral

Was ist Moral? Moral geht auf das lateinische Wort „moralis" zurück, das soviel wie „die Sitte betreffend" heißt. [4] Die Sitte ist eine bestimmte Umgangsform, Gepflogenheit oder eine Verhaltensform der Menschen, Gesellschaften etc. untereinander. Moral ist also eine Handlung, die von Mitmenschen, einer Gruppe oder der Gesellschaft erwartet wird. Handeln deutsche Politiker, wie es die Wähler erwarten?

Politiker gaukeln uns Werteorientierung vor. Tatsächlich ist die deutsche Politik aber interessensorientiert. In einer werteorientierten Politik spielt die Moral die bedeutendste Rolle. Moral könnte beispielsweise beim Verkauf von Waffen an Krisenregionen gefragt sein. Der einstige Wirtschaftsminister Gabriel hat mehrmals Einschränkungen von Rüstungsexporten in Krisenstaaten angekündigt und damit ein moralisches Verhalten suggeriert. Die Flüchtlinge aus den Kriegsgebieten baden dies aus. Man zerbombt mit deutschen Waffen deren Heimat und bringt mit deutschen Waffen deren Familien um. Das ist höchst unmoralisch, geschieht aber trotzdem.

Bei der PKW-Maut, die vor allem die CSU einführen möchte, wird der Grundsatz „Gleichbehandlung von deutschen und ausländischen Autofahrern" vorgegaukelt. Tatsächlich ist die CSU vor der Bundestagswahl 2013 mit dem Thema auf Wählerfang gegangen. Der bayerische Ministerpräsident Seehofer hat die Büchse der Pandora geöffnet und Verkehrsminister Dobrindt musste alle Übel wieder einfangen. Die Hoffnung ist wohl nicht entwichen, Dobrindt hat sich mit der EU geeinigt und die hat zugestimmt. Die Niederlande wollen klagen, andere Nachbarländer wollen sich anschließen. Sie meinen, die Maut benachteilige ausländische Autofahrer und erwarten, dass die Maut nicht eingeführt wird.

Wenn Politiker nur Moral vortäuschen, merkt sich das der Bürger – und geht das nächste Mal nicht zur Wahl.

Ehrlichkeit

Als ehrlich bezeichnet man einen Menschen, der nicht lügt. Zur Ehrlichkeit gehören aber weitaus mehr Eigenschaften: Rechtschaffenheit, Aufrichtigkeit, Fairness, Geradlinigkeit, Offenheit und Wahrheitsliebe.

Inwieweit diese Eigenschaften in der deutschen Politik anzutreffen sind, werden wir noch genauer sehen.

Lügen Politiker?

Bei der Suche nach einer Antwort hilft es, sich einige Ereignisse aus der jüngsten Geschichte zu vergegenwärtigen: Hat z. B. Helmut Kohl während der CDU-Parteispendenaffäre in den Achtzigerjahren gelogen? Wurde bei der Edathy-Affäre gelogen. Wenn ja, wer war's? Vor der Bundestagswahl 2005 wurde von der SPD eine Erhöhung der Mehrwertsteuer strikt abgelehnt. Nach der Wahl wurde die Mehrwertsteuer mithilfe der SPD um drei Prozentpunkte erhöht. Hat man vor der Wahl gelogen?

Ein weiteres Beispiel: Familienministerin Manuela Schwesig lobte die außerordentlichen Leistungen der Behörden im Kampf die islamische Radikalisierung im Strafvollzug. Imame würden in Gefängnisse geschickt; die Regierung stecke viel Geld in diese Art der Vorbeugung. [5] Tatsächlich waren bundesweit ganze zwei Imame unterwegs. Diese Zahl hat Schwesig nicht erwähnt. Ist es ehrlich, wenn wichtige Fakten verschwiegen werden?

Stehlen Politiker?

Auch in Deutschland wird die Niedrigzinspolitik der Europäischen Zentralbank unterstützt. Der Bürger, der eine Lebensversicherung zur Absicherung seiner Altersrente abgeschlossen hat, wird damit um seine vorher kalkulierten Erträge gebracht. Noch vor einigen Jahren haben Politiker uns dazu animiert, Lebensversicherungen als Säule der privaten Altersvorsorge abzuschließen. Ist die Riester-Rente

24

wirklich zum Wohle des Bürgers eingeführt worden? Oder zum Wohle der Versicherungswirtschaft? Tatsache ist, dass die Versicherungswirtschaft daran gut verdient hat. Bemerkenswert ist darüber hinaus, dass Carsten Maschmeyer, dem zu dieser Zeit der Allgemeine Wirtschaftsdienst (AWD) gehörte, ein guter Kumpel aus Schröders Zeit in Hannover war. Konnte der AWD mit der Riester-Rente seinen Verkaufswert erhöhen?

Die Autofahrer zahlten 2015 in Deutschland rund 48,39 Mrd. € Kfz-Steuer[6] und Energiesteuer (früher Mineralölsteuer), die LKW-Maut brachte zusätzlich 4,346 Mrd. €[7] ein. Für Bundesverkehrswege wurden dagegen nur 10,7 Mrd. €[8] ausgegeben. Das heißt, Autofahrer generieren Steuereinnahmen. Dennoch wurden nur 40 % davon in die Erneuerung oder den Bau von Straßen, Brücken und sonstiger Infrastruktur investiert. Der Rest wurde für andere Staatsausgaben verwendet.

Der Solidaritätszuschlag wurde in den Neunzigerjahren für den Aufbau Ost eingeführt. Das war gut und richtig. Inzwischen hat sich der „Soli" zu zusätzlichen Steuereinnahmen entwickelt. 2005–19 werden ca. 200 Mrd. € eingenommen worden sein – ein schönes Geschenk für den Bundesfinanzminister. Inzwischen verkommt die Infrastruktur in den westlichen Bundesländern. Und der Bürger zahlt weiter seinen „Soli", obwohl eigentlich eine Befristung vom 1. Juli 1991 bis 30. Juni 1992 bestand. 1995 wurde er wieder eingeführt – und besteht bis heute. Das niedersächsische Verfassungsgericht hält den Solidaritätszuschlag spätestens seit 2007 für verfassungswidrig.

Sind Politiker rechtschaffend?

Rechtschaffenheit bezog sich in der Vergangenheit oft auf religiöse Vorbilder. Darüber hinaus kann man von einer rechtschaffenen Person sprechen, wenn diese ehrlich und gesetzestreu handelt. Gesetzestreue mag gegeben sein, aber ist es wirklich rechtschaffend, wenn z. B. die PKW-Maut forciert wird, ohne danach zu fragen, ob der Aufwand in einem vernünftigen Verhältnis zum Ertrag steht. Hier wird Rentabilität schöngerechnet. Auch die EU hat berechtigte Zweifel an dieser Art der Straßenbenutzungsgebühr.

Sind Politiker fair?

Mit Fairness ist eine anständig und gerechte Haltung gegenüber anderen Personen gemeint. Lobbypolitik kann gar nicht fair sein, da bestimmte Interessengemeinschaften wesentliche Vorzüge genießen, andere Gruppen und Personen dagegen nicht. Eine Frauenquote in Vorständen von DAX-Konzernen nützt einer alleinerziehenden Mutter gar nichts. Hier werden deren Interessen weniger bedient. Viele Personengruppen haben keine oder eine zu schwache Lobby. Das betrifft häufig sozial Benachteiligte. Als einzige Interessenvertretung für diese kann wohl der Paritätische Wohlfahrtsverband genannt werden. Eine faire Behandlung genießen Gruppen unserer Gesellschaft, die keine Lobby haben, also nicht.

Sind Politiker geradlinig?

Geradlinigkeit ist ein Zeichen der Stärke und wird daher von deutschen Politikern oft und gern vermittelt. Wie sieht die Wirklichkeit aus? Ein Beispiel: Ex-Außenminister Frank-Walter Steinmeier wurde am 3. Februar 2014 in den „Tagesthemen" von Thomas Roth zur Lage in der Ukraine interviewt. Ein Ausschnitt:

Thomas Roth: „Herr Steinmeier, die Ukraine ist dabei, sich zu einer gefährlichen auch internationalen Krise zu entwickeln. Sie haben von einem Pulverfass gesprochen, an dem bereits die Lunte brennt. Wie wollen Sie die Explosion verhindern?"

Frank-Walter Steinmeier: „Ja, und leider ist davon noch nichts zurückzunehmen, die Gemengelage ist nach wie vor unübersichtlich, es hat auch heute im Verlauf des Tages wieder Kontakte zwischen der Opposition auf der einen Seite und Vertretern des Präsidenten auf der anderen Seite gegeben, vielleicht gibt es sogar im Verlauf des heutigen Tages leichte Fortschritte, weil zum ersten Mal auch über die Möglichkeit der Freilassung von Gefangenen gesprochen worden ist, aber wir sind noch nicht am schwierigsten Stück und das ist die Änderung der Verfassung, um dem Präsidenten Rechte zu nehmen und sie der Regierung zu geben, also eine Rückführung auf die bis 2004 geltende Verfassung in der Ukraine. Das ist jetzt das schwierigste Stück, was jetzt vor den

Beteiligten liegt, aber immerhin, ohne optimistisch zu sein, übertrieben optimistisch zu sein, kleine Bewegungen, die ein bisschen Hoffnung begründen."9

So ging es fast fünf Minuten weiter, der Informationsgehalt von Steinmeiers Ausführungen war karg. Dem Zitat lagen folgende Informationen zugrunde:

Die Opposition und Vertreter des Präsidenten haben über die Freilassung von Gefangenen und über Verfassungsänderungen gesprochen. Außerdem soll die Verfassung von 2004 wieder eingeführt werden, die die Rechte des Präsidenten zugunsten der Regierung beschneidet.

Steinmeier hat mit 136 Wörtern das gesagt, wofür 35 Wörter ausgereicht hätten. In vielen Interviews des ehemaligen Außenministers ist diese weitschweifige Ausdrucksweise festzustellen. Das ist das Gegenteil von geradlinig. Mehr dazu im Kapitel „Kommunikationsfähigkeit und Politikersprache".

Sind Politiker offen?

Der Wähler verlangt die Offenlegung von Tatsachen. Wer sich politische Diskussionen in den Medien, gerade in Talkshows, ansieht, stellt fest, dass häufig Zahlen genannt werden, die nicht überprüft werden können – vom Zuschauer jedenfalls nicht. Jede Seite legt andere Zahlen vor, etwa zur Rentenpolitik oder zum Mindestlohn. Es hieß, der gesetzliche Mindestlohn vernichte Arbeitsplätze. Befürworter argumentierten, dass in den Ländern, in denen es einen solchen Mindestlohn gibt, keine Arbeitsplätze vernichtet wurden. Was soll der Wähler glauben? Sicher ist, dass politische Argumente keine Fakten darstellen, auf denen Gesetze ruhen können.

Glaubwürdigkeit

Glaubwürdigkeit ist ein Maß der Bereitschaft des Adressaten, die Aussage einer anderen Person als gültig zu akzeptieren. Erst im Weiteren wird der Person und ihren Handlungen Glauben geschenkt. [...] Glaubwürdigkeit ist von zentraler Bedeutung für die Wirksamkeit von Handlungsmotiven und spielt daher in der Öffentlichkeitsarbeit, Marktforschung und Meinungsforschung (Public Relations) eine wichtige Rolle.[10]

Die Politiker der Sechziger-, Siebziger- und Achtzigerjahre galten bei den Wählern als glaubwürdig, auch wenn man nicht immer der gleichen Meinung war. Heute werden die meisten Politiker als nicht glaubwürdig betrachtet, weil man hinter deren Aussagen und Handlungen andere Motive vermutet als angegeben. Wenn der Bundesinnenminister nach einem Terroranschlag sagt, dass solche Attentate auch in Deutschland möglich seien, vermutet man als Erstes, dass weitere Maßnahmen zur Ausspähung des Bürgers unter dem Deckmantel größerer Sicherheit geplant sind. Die Warnung des Innenministers ist richtig, denn hundertprozentige Sicherheit kann nicht garantiert werden. Fatal ist jedoch, dass hinter der Aussage eine unlautere Absicht vermutet wird. Das entwertet die eigentlich richtige Aussage. Gibt es einen Grund, dem Minister zu misstrauen?

Durchaus. Durch die Enthüllungen von Edward Snowden war bekannt geworden, dass die USA das Mobiltelefon von Kanzlerin Merkel abhörten. Sie stand blamiert da, hatten doch „Freunde" ihr Telefon angezapft. Der Debatte um Merkels Handy versuchte der damalige Kanzleramtsminister Pofalla ein Ende zu setzen: Die Bundesregierung habe von ausländischen Geheimdiensten gefordert, sich an deutsches Recht zu halten. Dies hätten sie schriftlich zugesagt. Ist einer solchen Zusage zu glauben? Oder kann der Aussicht auf ein „No-Spy-Abkommen" vertraut werden? Ein solches Abkommen haben die USA nie zugesagt. Ein Beispiel für fehlende Glaubwürdigkeit auf beiden Seiten.

Beim G7-Gipfel in Bayern beherrschten freundliche Gesten die Szene (Frühstück mit Obama). Niemand wird erwarten, dass die Amerikaner ihre Spionage beenden. Denn auch Deutschland hat „Freunde", nämlich Frankreich, ausgespäht. Wie glaubwürdig ist nun die Aussage der Kanzlerin, „Freunde späht man nicht aus"?

Vertrauen

Vertrauen ist in psychologisch-persönlichkeitstheoretischer Perspektive definiert als subjektive Überzeugung von der (oder auch als Gefühl für oder Glaube an die) Richtigkeit, Wahrheit bzw. Redlichkeit von Personen, von Handlungen, Einsichten und Aussagen eines anderen oder von sich selbst (Selbstvertrauen). Zum Vertrauen gehört auch die Überzeugung der Möglichkeit von Handlungen und der Fähigkeit zu Handlungen. Als Redlichkeit bezeichnet man die Tugend und Charaktereigenschaft einer Person, entsprechend den Regeln einer Gemeinschaft gerecht, aufrichtig oder loyal zu sein.[11]

1990: Helmut Kohl versprach „blühende Landschaften", ohne dass Steuern erhöht würden. Dann wurde der „Soli" eingeführt. Später versprach der Kanzler, dass er Solidaritätszuschlag bis 1999 abgeschafft würde. Wir zahlen ihn heute noch.

2002. Die rot-grüne Regierungskoalition versprach: keine Einschnitte bei Sozialleistungen! Dann kam die Agenda 2010. Zu dieser Zeit versprach Schröder auch eine Senkung der Lohnnebenkosten. Der Krankenkassenbeitrag würde auf weniger als 13 % sinken. Heute zahlen wir 15,7 %. Weniger Steuern hatte Gerhard Schröder versprochen. Steuererhöhungen seien ökonomisch unsinnig. Nach der Wahl wurden die Eigenheimzulage gekürzt und Wertpapiere wie Immobilen mit 15 % pauschal besteuert.

2005: Vor der Bundestagswahl hat Angela Merkel eine maximale Erhöhung der Mehrwertsteuer um zwei Prozentpunkte versprochen. Die SPD versprach, die Mehrwertsteuer gar nicht zu erhöhen. Nach der Wahl stieg der Regelsatz von 16 % auf 19 %.

2008: Vor der hessischen Landtagswahl versprach Andrea Ypsilanti (SPD), nicht mit den Linken zu regieren. Die CDU erzielte eine hauchdünne Mehrheit und die FDP wollte nicht mit der SPD koalieren. So wollte sich Ypsilanti mithilfe der Linken wählen lassen. Sie scheiterte kläglich.

2009: Die FDP versprach Steuersenkungen: Mehr Netto vom Brutto! Keine noch so kleine Erleichterung konnten die Liberalen durchsetzen.

Es gibt noch genug weitere Beispiele, auch aus der jüngeren politischen Geschichte der Bundesrepublik Deutschland, die aber an der Schlussfolgerung, ob unsere Politiker Vertrauen genießen, nicht mehr viel ändern würden.

Auf der anderen Seite besitzen Politiker ein großes Selbstvertrauen, das sie häufig arrogant erscheinen lässt. Wer den eigenen Wert, seinen Rang oder seine Fähigkeiten ungebührlich hoch einschätzt, ist arrogant!

Im ZDF-Politbarometer werden die zehn wichtigsten Politiker auf einer Skala von −5 bis +5 beurteilt. Außerdem wird die Veränderung zum Vormonat angegeben. Die Umfragen der Forschungsgruppe Wahlen geben aber nicht die Basis preis, also wie z. B. das Grundvertrauen oder grundsätzlich die Kompetenz eines Politikers eingeschätzt wird. Um aus der Erhebung Vorteil zu schlagen, verweisen „beliebte" Politiker trotzdem gern auf das Politbarometer.

Kompetenz

Vertrauen erwirbt ein Politiker durch Kompetenz. Können wir der Kompetenz einer Ministerin sicher sein, die zuerst Familienministerin, dann Ministerin für Arbeit und Soziales und schließlich Verteidigungsministerin ist? Was qualifiziert jemanden, der in schneller Folge zwischen Finanz-, Innen-, Justiz- und Verteidigungsressort (Sachsen bzw. Bund) wechselte? Oder besitzt ein Wirtschaftsminister auch die Kompetenz eines Außenministers und ist so ein Wechsel innerhalb von wenigen Tagen möglich? Sind solche Politiker Tausendsassas oder „Wunderwuzzis", wie man in Österreich sagt? Wie steht es um Kompetenz im Falle nicht verkehrstauglicher Drohnen, krummer Gewehre, gigantischer Elbphilharmonien und ewiger Flughafengroßbaustellen?

Die meisten sprechen von Kompetenz, wenn sie Qualifikation meinen. Kompetenz ist aber mehr: [...] die Fähigkeit und Fertigkeit, in den genannten Gebieten Probleme zu lösen sowie die Bereitschaft, dies auch zu tun.[...] Der Bedeutungskern umfasst Fähigkeit, Bereitschaft und Zuständigkeit.[...] [12] Methodische

Elemente beschreiben, wie z. B. Probleme gelöst werden, weitere Bedeutungsaspekte beziehen sich auf den Willen und die Handlungsmotive. Es kommt also nicht allein auf die Qualifikation an, sondern auch auf den Willen und die (politischen) Handlungsmotive der Politiker. Aus diesem Grunde ist die Sichtweise der Interessengruppe entscheidend bei der Beurteilung, ob ein Politiker kompetent ist.

Aus Sicht der Wirtschaft sind die meisten Politiker kompetent, weil sie entsprechend ihrer Qualifikation die Interessen der Wirtschaft vertreten. FDP-Politiker sind für Hoteliers kompetent. Pfizer zweifelt sicherlich auch nicht an der Kompetenz der Politiker, denn das Potenzmittel Viagra kann von der Steuer abgesetzt werden. Die Wirtschaft allgemein spricht den Politikern, die TTIP durchzusetzen versuchen, Kompetenz zu.

Aus Sicht des normalen Bürgers erscheinen die meisten Politiker indes als nicht kompetent, weil diese nicht deren Interessen wahrnehmen.

Den Tausendsassas der Politik soll nicht die Qualifikation abgesprochen werden, ihre Kompetenz muss aber wegen der fehlenden Motivation, die Interessen der Wähler zu vertreten, angezweifelt werden.

Kommunikation und Politikersprache

Volksvertreter sollen die Interessen des Volkes vertreten. Ob sie das tun, wurde an anderer Stelle geklärt. Um den Bürgern ein Feedback zu geben, nutzt ein Politiker in der Regel die Medien. Leider meint die Politikerzunft, sich anders darstellen zu müssen, als sie wirklich ist. Diese nicht authentische und nicht wirklichkeitsgetreue Darstellung der eigenen Person fördert bei den Bürgern das Desinteresse an der Politik.

Nichts sagen, …

„Uns ist es gelungen…" – Wir haben es versucht und zu unserer eigenen Überraschung haben wir es geschafft. Hiermit soll vorgegaukelt werden, dass die Beteiligten sich so verausgabt haben, dass sie gerade noch dieses Interview geben konnten. Ob ein Problem gelöst wurde, ist nicht klar. Falls eine Lösung gefunden wurde, ist auch nicht klar, ob sie substanziell und dauerhaft ist.

„Wir müssen…" – bisher wurde nichts getan und auch in Zukunft wird sich nicht viel ändern. „Wir müssen die kalte Progression abschaffen." Dieses Statement hören wir seit 25 Jahren! Dass man es tun muss, soll heißen, dass man noch nicht zum Abschluss gekommen ist. Tatsächlich aber hat man bisher nichts in die Wege geleitet – und wird es auch nicht tun. Der Politiker kann sich jederzeit herausreden und sagen: „Dass wir das tun müssen, habe ich schon immer gesagt."

„Mit Verlaub…" – ein Synonym für Einwilligung oder Erlaubnis. Leider haben die Politiker noch nicht bemerkt, dass dies der Wortschatz unserer Urahnen war und heute in unserer Alltagssprache keinen Platz mehr hat.

„Spätrömische Dekadenz…" – das war der Luxus der Patrizier im Römischen Reich. Dieser Luxus entlud sich z. B. in Fressorgien mit Delikatessen wie gepfefferten Mücken in Eidotterhülle. Der Vergleich mit Hartz-IV-Empfängern kann nur als unmoralischer Angriff auf Leidtragende gewertet werden. Erst vernichtet man deren Jobs und schafft immer mehr prekäre Beschäftigungsverhältnisse und dann werden die Betroffenen noch von Guido Westerwelle beschimpft.

„Wähler und Wählerinnen"… – damit soll die Gleichberechtigung von Mann und Frau vorgegaukelt werden. In wichtigen Bereichen ist diese Gleichberechtigung aber nicht vorhanden oder noch nicht hergestellt. Alleinerziehende Frauen leben meistens auf Sozialhilfeniveau. Bei einer Beschäftigung erhalten sie im Vergleich mit ihren männlichen Kollegen meistens nicht das gleiche Gehalt für gleiche Arbeit. Wenn in diesem Buch von Wählern, Bürgern etc. die Rede ist, sind *beide* Geschlechter gemeint. Es ist heuchlerisch, wenn man sich einer „gleichberechtigten" Ausdrucksweise bedient und an anderer Stelle die Interessen von Alleinerziehenden mit Füßen tritt.

„Das war ein barbarischer Akt"– …wird meistens nach Terroranschlägen in den westlichen Ländern verwendet. Das kann man uns aber getrost ersparen, zeugt diese Phrase doch von Sprach- und Hilflosigkeit.

… viel reden

Eine rhetorische Meisterleistung war die Rede des ehemaligen bayerischen Ministerpräsidenten Edmund Stoiber zu den Vorzügen des Transrapids zwischen München-Hauptbahnhof und dem Franz-Josef-Strauß-Flughafen am 21. Januar 2002:

„Wenn Sie vom Hauptbahnhof in München … mit zehn Minuten, ohne, dass Sie am Flughafen noch einchecken müssen, dann starten Sie im Grunde genommen am Flughafen … am … am Hauptbahnhof in München starten Sie Ihren Flug. Zehn Minuten. Schauen Sie sich mal die großen Flughäfen an, wenn Sie in Heathrow in London oder sonst wo, meine sehr … äh, Charles de Gaulle in Frankreich oder in … in … in Rom. Wenn Sie sich mal die Entfernungen anschauen, wenn Sie Frankfurt sich ansehen, dann werden Sie feststellen, dass zehn Minuten Sie jederzeit locker in Frankfurt brauchen, um ihr Gate zu finden. Wenn Sie vom Flug … vom … vom Hauptbahnhof starten – Sie steigen in den Hauptbahnhof ein, Sie fahren mit dem Transrapid in zehn Minuten an den Flughafen in … an den Flughafen Franz Josef Strauß.

Dann starten Sie praktisch hier am Hauptbahnhof in München. Das bedeutet natürlich, dass der Hauptbahnhof im Grunde genommen näher an

Bayern ... an die bayerischen Städte heranwächst, weil das ja klar ist, weil auf dem Hauptbahnhof viele Linien aus Bayern zusammenlaufen."[13]

Man kann man davon ausgehen, dass Stoiber freigesprochen hat. Keiner seiner Mitarbeiter hatte eine Rede pro Transrapid erarbeitet und ihm vorgelegt. Eigentlich war das positiv, wenn das Ergebnis keine rhetorische Vergewaltigung gewesen wäre. Positiv deshalb, weil der Politiker authentisch wirkte. Man kann aber erwarten, dass ein Ministerpräsident inhaltliche Zusammenhänge korrekt, wenn auch nicht perfekt, darstellen kann.

Spezielle Wortschöpfungen gehörten auch zum Talent des ehemaligen Ministerpräsidenten. Der „Problembär", der in Bayern sein Unwesen trieb, ist ein Beleg. Hier wurde ein verunsichertes Tier zur Bedrohung „aufgeblasen", um von richtigen Problemen abzulenken. Diese rhetorischen Unfälle waren eine Blamage im In- und Ausland.

Unwörter

Wenn man sich die „Unwörter des Jahres" ansieht, fällt auf, dass viele von Politikern kreiert oder in der Politik verwendet wurden. 1991 wurde mit der Kür begonnen: In einer sprachkritischen Aktion wählt eine Jury Wörter aus, die als sachlich unangemessen oder inhuman gewertet werden. Einige Beispiele:

„Sozialtourismus" (2013). – mit dem Schlagwort sei „von einigen Politikern und Medien gezielt Stimmung gegen unerwünschte Zuwanderer gemacht worden, insbesondere aus Osteuropa". Der Ausdruck reihe sich ein in ein Netz weiterer Unwörter, die diese Stimmung befördern [...] wie etwa „Armutszuwanderung" oder „Freizügigkeitsmissbrauch".[14]

„Alternativlos" (2010). – das Wort suggeriere sachlich unangemessen, dass es bei einem Entscheidungsprozess von vornherein keine Alternativen und damit auch keine Notwendigkeit der Diskussion und Argumentation gebe. Behauptungen dieser Art drohten, die Politikverdrossenheit in der Bevölkerung zu verstärken.[15]

Notleidende Banken (2008). – das Verhältnis von Ursachen und Folgen der Weltwirtschaftskrise wird rundweg auf den Kopf gestellt. Während die Volkswirtschaften in ärgste Bedrängnis geraten und die Steuerzahler Milliardenkredite mittragen müssen, werden die Banken mit ihrer Finanzpolitik, durch die die Krise verursacht wurde, zu Opfern stilisiert.[16]

Herdprämie (2007). – das Wort diffamiert Eltern, insbesondere Frauen, die ihre Kinder zu Hause erziehen, anstatt einen Krippenplatz in Anspruch zu nehmen.[17]

Freiwillige Ausreise (2006). – Gesetzes- und Behördenterminus, wenn abgelehnte Asylbewerber aus deutschen Abschiebehaftanstalten, sog. Ausreisezentren, nach intensiver „Beratung" in ihre Herkunftsländer zurückkehren, wobei die Freiwilligkeit in vielen Fällen zweifelhaft ist.[18]

Humankapital (2004). – der Gebrauch dieses Wortes aus der Wirtschaftsfachsprache breitet sich zunehmend auch in nichtfachlichen Bereichen aus und fördert damit die primär ökonomische Bewertung aller denkbaren Lebensbezüge, wovon auch die aktuelle Politik immer mehr beeinflusst wird. Humankapital degradiert nicht nur Arbeitskräfte in Betrieben, sondern Menschen überhaupt zu nur noch ökonomisch interessanten Größen. Bereits 1998 hat die Jury Humankapital als Umschreibung für die Aufzucht von Kindern gerügt. Aktueller Anlass ist die Aufnahme des Begriffs in eine offizielle Erklärung der EU, die damit die «Fähigkeiten und Fertigkeiten sowie das Wissen, das in Personen verkörpert ist», definiert.[19]

„Tätervolk" (2003). – grundsätzlich inakzeptabler Kollektivschuldvorwurf; als potenziell möglicher Vorwurf gegen Juden bei Martin Hohmann schlicht antisemitisch.[20]

„Ich-AG" (2002). – Reduzierung von Individuen - als Aktiengesellschaft? - auf sprachliches Börsenniveau.[21]

„Diätenanpassung" (1995). – Beschönigung der Diätenerhöhung für Bundestagsabgeordnete.[22]

Nebel statt Klarheit

Politiker-Interviews sind weniger Zeugnisse ausgefeilter Redekunst, sondern eher rhetorische Abenteuer. Ex-Außenminister Steinmeier ist ganz vorne mit dabei. Er kann fünf Minuten reden, ohne inhaltlich etwas zu sagen. Das zeigte er z. B. in den „Tagesthemen" am 3. Februar 2014 (siehe Kapitel „Sind Politiker geradlinig?").

Politiker sprechen 1. gern in Rätseln, sagen 2. mit vielen Worten nichts und verwenden 3. Zahlen und Statistiken, die nur den eigenen Interessen dienen. Inmitten geschwollener Redeweise findet sich faktenbezogene Kommunikation nur selten.

Man kann also feststellen, dass die Politikersprache weniger dazu dient, zu informieren, sondern Tatsachen zu verschleiern. Dabei geht es auch anders. Bei Günther Jauch sprach Guido Westerwelle über seine Erkrankung und Sigmar Gabriel sprach über seine Trauer wegen des Todes von Altkanzler Helmut Schmidt. Bei beiden hatte der Zuschauer das Gefühl, ein kluger Kopf meint wirklich das, was er sagt.

Meist ist schauspielerische Rhetorik an der politischen Tagesordnung. Damit versuchen Politiker, intellektuell Eindruck zu machen. Ihre Wähler erwarten aber Vorbilder, die Politiker zwar vorgeben zu sein, aber dennoch nicht sind. Politikverdrossenheit macht sich breit und die Wahlbeteiligung sinkt.

Zusammenfassend kann festgestellt werden, dass der Normalsterbliche in der Regel erst im Wörterbuch nachschlagen muss, um Politiker zu verstehen. Wenn ihm dies „gelungen" ist, stellt sich die Frage nach dem inhaltlichen Verständnis. Meistens scheitert es dann daran.

Diese mangelhafte Kommunikation sollten sich unsere Politiker endlich vor Augen führen – und ändern, wenn sie nicht die Akzeptanz und den Respekt ihrer Wähler verlieren wollen. Die Aussichten dafür sind allerdings nicht gut, weil die Politik sich selbst immer neue „rhetorischen Überflieger" heranzieht, mit unübersichtlichen Zahlenspielen Nebelkerzen wirft und Nichtwissen so geschickt aufbereitet, dass Sinnloses sinnvoll klingt.

Manipulation?

Bundeskanzlerin Angela Merkel hat sich Hilfe von Psychologen geholt. Sie sollen den Bürgern bei deren Entscheidungen den „Schubser" in die richtige Richtung geben. Heißt „schubsen" nicht manipulieren?

Schlagzeilen, die leider etwas untergehen, sind:

Mit Strategien der Verhaltensforschung will Kanzlerin Merkel die Deutschen zu Musterbürgern machen. Kritiker halten das sogenannte Nudging für eine hinterhältige Form der Gängelei.[23]

Kanzlerin sucht Verhaltensforscher – Psychologen, Anthropologen und Verhaltensökonomen sollen her und Angela Merkel helfen: Die Regierung will wirksamer regieren und den Bürgern einen Schubs in die „richtige" Richtung geben.[24]

Das Bundeskanzleramt suchte drei Referenten, die der Kanzlerin beim „wirksamen Regieren" helfen sollten. Die Bewerber sollten hervorragende Kenntnisse in den Bereichen Psychologie, Soziologie, Anthropologie und Verhaltensökonomie haben. Nach Angaben des Miterfinders dieser Methode, Wirtschaftsprofessor Cass Sunstein, kann man mit dieser Methode auch ohne Gesetze und Verordnungen seine Ziele erreichen. Mit anderen Worten: Lästige Gesetzgebungsverfahren entfallen. Die Demokratie wird ein weiteres Stück demontiert.

Der frühere US-Präsident Barack Obama und der ehemalige Premierminister David Cameron bedienten sich auch derartiger Einheiten mit Psychologen, Soziologen, Politologen und Verhaltensforschern.[25] Es ist daher auch oft von „liberalem Paternalismus" die Rede: Der Staat sorgt wie ein allwissender Vormund für seine Schäfchen, ohne sie das durch ausdrückliche Ge- und Verbote spüren zu lassen.[26] Mit Paternalismus (von lat. pater, „Vater") wird eine konservative Ideologie aus dem 19. Jahrhundert beschrieben, die ihre Autorität und Legitimität auf eine vormundschaftliche Beziehung zwischen Herrscher/Herrschern und Beherrschten begründet.

Psychologie ist die Wissenschaft vom Erleben und Verhalten von Individuen. Sie ist empirisch, beruht also auf Erfahrungswerten. Soziologie beschäftigt sich mit dem sozialen Verhalten von Individuen, also dem Zusammenleben von Menschen. Anthropologie ist die Wissenschaft vom Menschen. Dazu gehört auch die philosophische Anthropologie, die sich mit den qualitativen Eigenschaften des Menschen beschäftigt, z. B. Personalität, Entscheidungsfreiheit und Selbstbestimmung. Verhaltensökonomie beschäftigt sich mit menschlichem Verhalten in der Wirtschaft. Dabei wird rationales und irrationales Verhalten untersucht, etwa auch in ihren Auswirkungen auf die Finanzmärkte. Erkenntnisse und Methoden aus diesen Wissenschaften werden genutzt, um den Bürger zu „überzeugen", auch von einer Politik, die nicht in seinem Interesse sein kann. Es geht um die Kontrolle von Meinungen und Menschen.[27]

Fachleute werden bemüht, um den Bürger daran zu hindern, sich ein eigenständiges Urteil zu bilden. Wenn man nur das Beste für den Bürger will, würde man ihm einfach zuhören, sich mit seinen Sorgen und Nöten beschäftigen und die große Distanz zwischen ihm und der Politik versuchen abzubauen.

Schauspiel Politik

In den deutschen Medien kommen meist nur Spitzenpolitiker zu Wort, Mitglieder von Ausschüssen, Arbeitsgruppen und Fachabteilungen leider nicht. Dabei sind diese Personen diejenigen, die das Funktionieren unseres Staates erst möglich machen, indem sie z. B. Gesetze ausarbeiten. Der Unterschied zwischen diesen Personengruppen und den Spitzenpolitikern ist die Art der Kommunikation. Die Personen der zweiten Reihe kommunizieren sachlich und zielorientiert, Spitzenpolitiker inszenieren sich selbst.

Die Kommunikation der Fachleute gestaltet sich, sollten sie überhaupt zu Wort kommen, sachlich und ohne rhetorische Klimmzüge. Die Kommunikation der Spitzenpolitiker basiert auf Schauspielerei. Als Schauspieler werden Akteure bestimmter künstlerischer und kultureller Praktiken bezeichnet, die mit Sprache, Mimik und Gestik eine Rolle verkörpern oder über eine (Kunst)figur mit dem Publikum interagieren. [28] Dem Publikum wird also etwas vorgespielt. Dabei spielt Rhetorik eine große Rolle (siehe Kapitel „Kommunikation und Politikersprache"). Auch Gesten, wie die „Raute" von Kanzlerin Merkel ist ausgeklügelte Schauspielerei. Nach ihren Angaben birgt die Merkel-Raute eine gewisse Symmetrie und helfe ihr, den Rücken gerade zu halten. Wahrscheinlicher ist, zu vermitteln, dass alles unter Kontrolle ist. Bodenständigkeit und Vertrauen soll ausgestrahlt werden.[29]

Politische Schauspielerei hat den Zweck, sich selbst zu profilieren und das Publikum zugunsten des eigenen Machterhalts zu kontrollieren. Das Treffen der sieben führenden Industrienationen im Juni 2015 in Bayern ist ein gutes Beispiel dafür: Für insgesamt 360 Mio. € gönnten sich die führenden Staatenlenker ein geruhsames Wochenende auf großer Bühne vor imposanter Kulisse. In blühender Landschaft wurde zum Gruppenfoto posiert und man frühstückte zu

Weißwurst und Weißbier mit Bürgern aus Krün. Das Traurige war, dass der Steuerzahler die Zeche zahlte. Außerdem wurde das Demonstrationsrecht stark eingeschränkt.

Charlie Hebdo

Nach den Anschlägen Anfang 2015 auf die französische Satirezeitung „Charlie Hebdo" und einen jüdischen Supermarkt in Paris gab es eine Inszenierung besonderer Art. Das Publikum waren die Bürger, die selbst nach einem so schrecklichen Ereignis hinters Licht geführt wurden.

Diese Bilder gingen um die Welt: Die Staats- und Regierungschefs der Welt marschierten am Sonntag Arm in Arm durch Paris, um ihre Solidarität mit den Opfern der Anschläge zu zeigen. Auf den Bildern sieht man, wie die Staats- und Regierungschefs geschlossen nebeneinander schreiten. Der Betrachter glaubt, diese seien ein unmittelbarer Teil der eine Million Menschen, die in Paris gegen den Terror demonstrierten. Doch die Fotos lügen.

Gemacht wurden die Bilder nicht auf den Straßen und Plätzen, auf denen Hunderttausende demonstrierten, sondern in einer einsamen Nebenstraße, wie etwa „The Independent" und „Daily News" berichteten. Nach Angaben französischer Medien wurde die Szene auf dem Platz Léon Blum in der Nähe der Metro-Station „Voltaire" aufgenommen. Der Ort sei wegen der symbolischen Bedeutung der Namen gewählt worden. Die Aufnahmen seien gegen

15.30 Uhr entstanden. Kurze Zeit später seien alle Spitzenpolitiker wieder in ihre Autos gestiegen und davongefahren, berichtet „Le Monde". Nur Frankreichs Präsident François Hollande und der damalige Premierminister Manuel Valls hätten sich noch auf den Weg zu den Überlebenden des „Charlie Hebdo"-Attentats gemacht. Fotos, die aus der Distanz aufgenommen wurden, zeigen, dass die Staats- und Regierungschefs ihre eigene Gruppe bildeten – umgeben von Sicherheitspersonal.

Auf Twitter posteten Nutzer Fotos, die zeigen, dass die Staatslenker weder die Massen anführten noch ein Teil der Massen waren. Der Journalist Borzou Daragahi: „Es scheint, dass die Weltführer die 'Charlie-Hebdo'-Demonstranten nicht führten, sondern einen Foto-Termin in einer einsamen, bewachten Straße absolvierten."[30]

Klimaschutz

Kanzlerin Merkel präsentiert sich gerne als Umweltpolitikerin. 2007 machte sie sich mit dem damaligen Bundesumweltminister Gabriel auf, um medienwirksam mit dem Boot in arktischen Gewässern herumzufahren. Die Politiker der Opposition haben den Braten gerochen. Die Grünen-Politikerin Renate Künast hatte der Kanzlerin vorgeschlagen: „Merkel kann sich ja auch ins asiatische Hochwasser stellen." Sie sprach zurecht von Show und Inszenierung. Die Krux ist, dass auch Renate Künast zu der Spezies Politiker gehört, die es nicht anders machen würde.

Während ihrer Showeinlage stellte Merkel fest, dass die Temperatur in Grönland in den vergangenen zehn Jahren um 1,5 °C gestiegen sei, doppelt so viel wie im Weltdurchschnitt. Ihr Sprecher: Die Kanzlerin werde verdeutlichen, „welche Herausforderungen auf der Menschheit ruhen". Sie sei außerdem „als promovierte Physikerin besonders am Thema interessiert". Der Klimaschutz-Index 2014 von Germanwatch sieht das anders: Deutschland gehöre nicht mehr zu den Wegbereitern einer europäischen Klimaschutzpolitik. Zu wenig Förderung von notwendigen Reformen, Blockaden und kontraproduktive Politik bei europäischen Entscheidungen und deutschen Beschlüssen seien die Gründe.[31]

Das deutsche Klimaziel, die Treibhausgasemissionen bis 2020 um 40 % gegenüber 1990 zu reduzieren, erfordert einen Verzicht auf 80 % der Reserven fossiler Energieträger, also auch auf Erdöl. Tatsächlich verhält sich die deutsche Politik aber anders. In der Arktis lagern riesige Erdöl- und Gasvorkommen, die angezapft werden sollen. Das deutsche Wirtschaftsministerium ist weniger an der Vermeidung der Polschmelzen als an den Vorteilen dieser Schmelze interessiert. Die von ihm geförderten Hamburgische Schiffbau-Versuchsanstalt erforscht für die Industrie, wie Schiffe gebaut werden müssen, um dem (dünner werdenden) Eis der Arktis standzuhalten. So können demnächst Riesentanker die Nord-Ost-Passage durch das Nordpolarmeer fahren und Profite erwirtschaften. Das Institut erforscht auch, wie

Ölplattformen ausgelegt sein müssen, um den Eisschollen standzuhalten. Auftraggeber sind die Ölkonzerne ExxonMobil, Shell, BP und Statoil. Das vom Wirtschaftsministerium geförderte Deutsche Forschungszentrum Künstliche Intelligenz in Bremen entwickelt Unterwasserroboter, die bei der Suche nach Ölvorkommen helfen.[32] Passt es zusammen, wenn die Politik Klimaschutz fordert, aber sich zugleich an der Förderung zusätzlicher Erdölvorkommen beteiligt? Wasser wird gepredigt, aber Wein getrunken.

Mitte 2015 stand auch eine von ehemaligen Wirtschaftsminister Gabriel geforderte Abgabe für Betreiber von Kohlekraftwerken zur Debatte, sollte eine bestimmte Menge Kohlendioxidausstoß überschritten werden. Diese Kraftwerke sind Dreckschleudern, aber für die Stromindustrie höchstprofitabel. Gabriel blies daraufhin viel Gegenwind ins Gesicht: von Gewerkschaften, der Energiewirtschaft und Politikern der Großen Koalition. Auch die rot-grüne Regierung von Nordrhein-Westfalen versuchte, die Pläne zu torpedieren. In NRW hängen viele Arbeitsplätze vom Abbau und der Stromerzeugung mit Kohle ab.

Gabriel knickte ein. Er bot eine Senkung der Abgabe an und eine Kopplung an den Strompreis an. Ist der Strompreis hoch, ist es auch die Abgabe. Fällt der Strompreis, zieht die Abgabe nach. Dieses System bringt den Verbraucher in eine Zwickmühle. Verbraucht er viel Strom, hilft es dem Klimaschutz.

Spart er Strom, arbeitet er gegen den Klimaschutz. Verkehrte Welt. Jedenfalls wird der Verbraucher nie erfahren, ob die Abgaben-Debatte nur inszeniert war und ein Rückzug von Beginn an geplant war.

Homosexuelle Ehen und Frauenquote

Viele Themen sind ideal, um von Inaktivität oder interessengeleiteter Politik in anderen Bereichen abzulenken. Im Mai 2015 hat das Volk Irlands über die Gleichstellung homosexueller Partnerschaften mit der Ehe abstimmen lassen. Das Votum der streng katholischen Bevölkerung war ein medialer Paukenschlag mit der Lebensdauer einer Eintagsfliege. Die deutschen Politiker betätigten sich als Trittbrettfahrer und sprachen sich für dieselbe Rechtsauslegung in Deutschland aus. So konnten sie sich als Toleranzweltmeister präsentieren. – etwa 3–10 % der Bevölkerung sind homosexuell. Im Mittelwert sind das 5,3 Millionen Menschen in Deutschland. Von Armut sind dagegen weitaus mehr betroffen: 12,5 Millionen. Aber dieser Teil der Bevölkerung hat keine Lobby und mit dem Thema „Armut" können sich Politiker nicht profilieren. Auch die Frauenquote ist nur eine Nebelkerze, um von sozialen Problemen abzulenken (mehr dazu im Kapitel „Familien-, Sozial- und Arbeitspolitik").

Talkshows

Viele Politiker nutzen Talkshows, um sich ins Rampenlicht zu stellen. Dabei wird munter mit Polemik und unbewiesenen Behauptungen gespielt. Fakten werden verschwiegen oder verbogen. Das geschieht in besonderem Maße vor den Wahlen. Dann wird die Wahrheit verdreht und der Zuschauer in die Irre geführt. Regeln der gepflegten Debatte und des Anstands werden beiseitegeschoben; jeder fällt jedem ins Wort. Für den Moderator oder die Moderatorin sind diese Talkshows eine große Herausforderung, für den Zuschauer aber eine Qual. In dieser Zeit sehnt man sich nach ganz normalen Menschen aus der Zivilgesellschaft, die wirklich etwas zu sagen haben.

Amüsant, gleichzeitig aber ärgerlich ist, wenn auch bei jeder Gelegenheit Politiker medienwirksam einander die Hände schütteln. Man wendet sich einander zu und schaut dabei in die Kameras, um Einigkeit und Handlungsfähigkeit zu demonstrieren, selbst wenn man sich nicht ausstehen kann. Ursprünglich wurde der Händedruck als Geste des Friedens gebraucht und später als Zeichen, dass man unbewaffnet ist. Heute hat sich der Händedruck als Begrüßungsritual entwickelt, das gegenseitiges Vertrauen und Respekt ausdrücken soll. Dies ist oft nicht vorhanden und der Wähler wird als Publikum eines sinnlosen Schauspiels missbraucht. Einigkeit und Akzeptanz beim Bürger erreicht man nicht durch leere Gesten, sondern durch Kompetenz und wirksames Handeln!

G7-Gipfel in Weiß-Blau

Nach Angaben der Bundesregierung kostete der G7-Gipfel 2015 auf Schloss Elmau in Bayern 130 Mio. €, der bayerische Bund der Steuerzahler sprach von 360 Mio. €.[33] Wir wissen inzwischen, dass wir bei Kosten für Großprojekte nicht mit verlässlichen Angaben rechnen können. Deshalb sind auch die Angaben des Bundes für Steuerzahler glaubhafter. 360 000 000 € für einen „Wochenendurlaub" erscheinen ziemlich übertrieben. Mit den finanziellen Mitteln hätte man wahrscheinlich mehrere Jahre Lohnerhöhungen zahlen können, für die zur selben Zeit Erzieherinnen, Briefträger und Paketboten bei der DHL sowie Angestellte der Deutschen Bahn streikten. In der Tat müssen sich Staats- und Regierungschefs großer und wichtiger Staaten treffen, aber nicht in dieser maßlos übertriebenen Art und Weise. Wie kann es sein, dass ein Treffen der „Wertegemeinschaft" mit 17 000 Polizisten abgesichert werden muss? Themen des Gipfeltreffens in Deutschland waren der Klimaschutz, das Freihandelsabkommen TTIP, Epidemien wie Ebola, der IS-Terror und die Ukraine-Krise.

Epidemien und Gesundheit

„Keime, die gegen Antibiotika resistent sind, sind von ausschlaggebender Bedeutung für die Menschheit", so Angela Merkel – sie hatte wohl Ebola in Westafrika im Sinn. Der Sinneswandel der Kanzlerin ist bemerkenswert, hat doch die deutsche Regierung fast ein Jahr gebraucht, ehe sie überhaupt reagierte. Die

Epidemie begann im Dezember 2013 im Südosten Guineas und wurde im März 2014 weltweit bekannt. Erst im November 2014 ließ die deutsche Regierung Hilfe anlaufen. Im Unterschied dazu waren Hilfsorganisationen wie „Ärzte ohne Grenzen" von Beginn an engagiert.

Die Entwicklung von Medikamenten gegen Ebola in Afrika ist für die westliche Pharmaindustrie unwirtschaftlich. In Europa und Amerika, wo die zahlungskräftigen Zielgruppen leben, gibt es kein Ebola. Dennoch ist es die Aufgabe der reichen Staaten, in die Entwicklung geeigneter Medikamente zu investieren, um, in Verantwortung für die „weltweiten Daseinsvorsorge", auch Kranken ohne finanzielle Mittel zu helfen.

Deutschland bewegt dagegen das Thema „multiresistente Bakterien" bzw. MRSA (Methicillin-resistenter Staphylococcus Aureus) in Krankenhäusern. Die Politik hat es bisher verschlafen, entsprechende Regeln zur Vermeidung von Gesundheitsschäden auf den Weg zu bringen, weil die Interessen der Krankenhausbetreiber im Vordergrund stehen.

MRSA ist ein Bakterium, das gegen viele Antibiotika resistent ist. Es wird von Mensch zu Mensch (meist über die Hände) und durch verunreinigte Gegenstände (z. B. Türklinken) übertragen. Auf der Haut ist das Bakterium harmlos, jeder trägt es in sich. Sobald MRSA in offene Wunden oder Schleimhäute eindringt, kann es Betroffene enorm schaden. Über die Zahl der Todesfälle durch Krankenhauskeime liegen nur Schätzungen zwischen 2000 und 30000 vor (Deutsche Krankenhausgesellschaft und Deutsche Gesellschaft für Krankenhaushygiene). [34] Öffentlichkeitswirksam publiziert unsere Kanzlerin das Thema auf der weltweiten Bühne, im eigenen Land werden jedoch die Interessen der Gesundheitslobby bedient und die Patienten im Stich gelassen. Denn durch schärfere Hygienevorschriften kann die Verbreitung von MRSA in Krankenhäusern sehr wohl vermieden werden.

IS-Terror

Der IS ist eine menschenverachtende Gruppe von islamischen Fanatikern, die die Welt ins Mittelalter zurückbomben wollen. Die Organisation ist im Irak entstanden und hatte auch deshalb enormen Zulauf, weil der von den USA protegierte einstige Ministerpräsident Maliki seine schiitischen Glaubensbrüder bevorzugte und die Sunniten, zu denen auch Saddam Hussein gehört hatte, unterdrückte. Viele Sunniten schlossen sich deshalb dem IS an. So entstand eine neue enorme Terrorbedrohung.

Man kann sich des Eindrucks nicht erwehren, dass dies von den USA beabsichtigt war, damit man Iran etwas entgegenzusetzen hatte und die eigene Waffenindustrie protegieren konnte. Deshalb wurde auch Saudi-Arabien, einem Land, aus dem die Ideologie des IS kommt, unterstützt. Jetzt wird man die Geister, die man rief, nicht mehr los.

Ukraine

Auch die Ukraine-Krise war ein Thema des G7-Gipfels. Einigkeit herrschte, dass der russische Präsident Wladimir Putin wegen der Krim-Annexion nicht eingeladen wurde. Denn die G7 würde Staaten repräsentieren, die Werte wie Demokratie und Rechtsstaatlichkeit teilten. Der Ausschluss Russlands, bis dahin Partner der G7 (Mitglied der G8), wurde vor allen von den USA betrieben. Das aber ist kontraproduktiv, denn wenn der Krieg in Syrien beendet werden kann, dann nur mit Russland. Auch lassen die EU-Sanktionen gegen Russland die europäischen Exporte zurückgehen. Deshalb zahlt auch die deutsche Wirtschaft die Zeche. Im Gegensatz dazu sind die amerikanischen Exporte nach Russland im Mai und Oktober 2014 um ca. 25 % zum Vormonat gestiegen. [35] So heizen wir künftig nicht mehr mit russischem Erdgas, sondern mit amerikanischem Erdöl!

Spektakel ohne Mehrwert

Das Frühstück von Obama im bayerischen Krün war ein wesentlicher Teil des Medienereignisses „G7-Gipfel". Dort gab man einem Präsidenten, der Kanzlerin Merkels Telefon abhören ließ, ein Ständchen – auf Initiative derselben Kanzlerin. Es sah so aus, als ob sich die deutsche Regierungschefin noch für die Ausspähung bedankte.

Der G7-Gipfel war eine gigantische Inszenierung unter weiß-blauem Himmel. Das hätte man sich und uns ersparen können. Besser wäre ein G20-Gipfel gewesen, zu dem man auch China, Indien, Brasilien und Russland und andere wichtige Staaten einbezogen hätte, damit Krisen gelöst und Kriege beendet werden. Stattdessen wurden wir Zeuge eines belanglosen, aber teuren Schmierenstücks. Das Eintrittsgeld in Höhe von 360 Mio. € wären besser für anderes ausgegeben worden.

Parteien-Einheitsbrei

Wenn man sich die Wahlprogramme der etablierten Parteien anschaut, wird man erkennen, dass CDU, CSU, SPD und Bündnis 90/Die Grünen weitgehend die gleichen Interessen vertreten. Wie kann man also am meisten Populismus betreiben, um die Wichtigkeit der eigenen Partei hervorzuheben?

Sieht man sich die inhaltlichen Schwerpunkte in den Wahlprogrammen bei der Bundestagswahl 2013 an, so stellt man fest, dass zwischen CDU/CSU und SPD eine Übereinstimmung von 37 % besteht. Linkspartei und Bündnis 90/Die Grünen stimmen inhaltlich zu 82 % überein.[36] In der öffentlichen Wahrnehmung sind die Grenzen zwischen CDU/CSU und SPD undeutlich. Viele Bürger haben den Eindruck, sie hätten nur noch die Wahl „zwischen Pest und Cholera". Warum werden die Unterschiede zwischen den Parteien vom Wähler nicht wahrgenommen?

Erstens ist die Art und Weise, wie Politiker informieren, mangelhaft. Weil heute in der Regel nur noch

Klientelpolitik betrieben wird, sind die Informationen, die aus der Politik in die Medien kommen, populistisch. Zweitens werden viele Themen totgeschwiegen. Dazu gehört z. B. die kalte Progression, einfachere Steuergesetze, die bessere Unterstützung von Alleinerziehenden und Rentnern, die in Altersarmut leben.

Aus Wählersicht werden wichtige Probleme weder im Wahlkampf angesprochen noch anschließend gelöst. Deshalb zählen bei der Auswahl der „richtigen" Partei nur noch, ob man;

- homosexuell ist;

- einen Aufsichtsratsposten in Aussicht hat;

- einen regulierten Strompreis haben möchte, der dann so reguliert wird, dass große Industrieunternehmen profitieren und der private Verbraucher die Zeche zahlt;

- einer verfassungswidrigen Partei angehört;

- Rentner ist und eine Rentenerhöhung als Wahlgeschenk zu erwarten ist;

- Bundestagsabgeordneter ist und seine Nebeneinkünfte offenlegen muss;

- Hartz-IV-Empfänger ist und über Leistungskürzungen für sich selbst abstimmen darf;

- zustimmt, dass jeder Staat der Eurozone für seine eigenen Schulden haftet;

- mit Datenmissbrauch durch die Vorratsdatenspeicherung rechnet;

- als Autofahrer Maut zahlt.

Die PKW-Maut wurde mit der Gleichbehandlung deutscher und ausländischer Autofahrer begründet. Das ist ein Scheinargument. Der Nutzen ist mehr als fraglich, denn hohe Betriebskosten werden den Gewinn wahrscheinlich vollständig aufzehren. Dennoch hält die CSU die „Maut-Fahne" hoch, anstatt sich wirklich wichtigen Dingen zuzuwenden!

Aufgrund der geringen Unterschiede in ihren Wahlaussagen werden die Parteien als „Einheitsbrei" wahrgenommen. Das lässt den Wähler verzweifeln; Alternativen sucht er vergeblich. In vielen Fällen drückt sich seine Hoffnungslosigkeit in ungültigen Stimmen oder Wahlabstinenz aus. Das kann man ihm nicht verübeln. Die Politiker ignorieren dies und konzentrieren sich auf den eigenen Machterhalt. Sie glänzen durch Aktionismus und sinnlosen Streitereien, nur um sich als Anwalt des Bürgers zu präsentieren.

Ein Beispiel hierfür ist: Eltern, die ihre Kinder zwischen dem 15. und 36. Lebensmonat selbst betreuen und nicht zur Kita schicken, erhielten 150 € monatlich. Die „Herdprämie" wurde von der CSU durchgesetzt, obwohl die Koalitionspartner dagegen waren. Im Juli 2015 flog der Regierung das Betreuungsgeld um die Ohren. Der erste Senat des Bundesverfassungsgerichts kassierte das familienpolitische Armageddon, weil nicht der Bund, sondern die Länder dafür zuständig seien. Die Länder verzichteten im Weiteren auf das Betreuungsgeld. In Bayern, Sachsen und Thüringen wird ein Landeserziehungsgeld gezahlt, in Thüringen läuft es derzeit aus. Das ist nachvollziehbar, schafft diese Sozialleistung doch keinen einzigen neuen Kita-Platz. Auch hält sie Eltern davon ab, ihren Kindern eine gute frühkindliche Erziehung zu bieten. Dies ist nur ein Beispiel für eine medienwirksame Inszenierung. Man möchte sich Wählerstimmen sichern, um den eigenen Machterhalt zu zementieren. Ein Nutzen für unser Land ist nicht vorhanden.

An der Tagesordnung ist, dass sich CDU und SPD von den Querulanten in München am Nasenring durch die Arena führen lassen: die Kanzlerin mit der PKW-Maut, die Familienministerin mit der „Herdprämie" und der Innenminister mit Populismus gegen Asylbewerber. Die Ziele der CSU sind immer dieselben: die eigene Klientel bedienen und die eigene Daseinsberechtigung stärken. Das kostet den Steuerzahler viel Geld. Hinzu kommt die persönliche Sturheit des bayerischen Ministerpräsidenten, der z. B. nach dem Verfassungsgerichtsurteil verkündete, Bayern werde das Betreuungsgeld in eigener Regie weiterführen. Die Schnellschüsse aus München verlangen dem Normalbürger viel Geduld ab.

Abgesehen von Verfehlungen der Politik muss sich der Bürger aber auch fragen, nach welchen Kriterien er seine Parteifavoriten auswählt. Steht sein eigenes Wohl vielleicht an erster Stelle? Folgt er deshalb unhaltbaren politischen Versprechungen?

Machtverteilung

In der 2013 gewählten Regierung aus Union und SPD sind die Machtverhältnisse eindeutig. In der Legislaturperiode ab 2013 bilden nur zwei kleine Parteien, die Grünen und die Linkspartei, die parlamentarische Opposition. Entsprechend wenig Redezeit und Einfluss haben sie. In der Legislaturperiode 2009–2013, als CDU/CSU und FDP regierten, war die Opposition im Bundestag aus SPD und Grünen deutlich stärker.

Auf der anderen Seite geht die SPD in der großen Koalition mit der Union unter, die wirklich wichtigen Entscheidungen werden ohne sie gefällt. Das belegt die Entscheidung zur PKW-Maut. Es ist erstaunlich, wie stark die Bundespolitik am Tropf der bayerischen CSU hängt. Währenddessen bedient die SPD ihre Klientel. Die Opposition ist weitgehend kalt gestellt. Demokratisch ist das nicht.

Letztlich verfügt auch die EU über ein Stück Macht in Deutschland. Das ist, die oben angesprochene PKW-Maut betreffend, gut, andererseits aber schieres Glück, weil andere EU-Länder kein Interesse an einer PKW-Maut in Deutschland haben. Die EU ist aber wankelmütig und verletzt permanent die eignen Regeln.

So darf das jährliche Defizit im Staatshaushalt der Euro-Mitglieder maximal 3 % der nationalen Wirtschaftsleistung (Bruttoinlandsprodukt, BIP) betragen und die öffentliche Verschuldung 60 % nicht überschreiten. Diese vom Euro-Stabilitätspakt gesetzten Grenzen werden regelmäßig missachtet.

Außerdem kostet der regelmäßige Umzug des Parlaments von Brüssel nach Straßburg viel Geld. Jährlich werden ca. 150–180 Mio. € dafür ausgegeben. Hier kommt das EU-Ungeheuer zum Vorschein, denn diesen Wanderzirkus gibt es nur, weil die Franzosen das so wollen.

Der Einfluss der Europäischen Zentralbank ist besonders groß. Sie herrscht über den gesamten Geldfluss.

Die Wirtschaft und ihre Lobbyisten haben einen erheblichen Anteil an der Macht. Der Bundestagsabgeordnete der Grünen, Volker Beck, hat im Mai 2008 beim Bundesinnenministerium eine Liste mit den Gesetzen angefordert, an denen Lobbyisten mitgewirkt haben. Diese ist auf www.lobbycontrol.de verfügbar. Daraus ist ersichtlich, dass Lobbyisten bei Gesetzen in den Bereichen

- Justiz

- Finanzen

- Familie, Frauen, Senioren und Jugend

- Gesundheit

- Verkehr, Bau und Stadtentwicklung

- Bildung und Forschung

mitgewirkt haben, insgesamt an 32 neuen Gesetzen in den vorangegangenen fünf Jahren. Bemerkenswert ist die Mitwirkung an Finanzgesetzen, etwa dem „Anlegerschutzverbesserungsgesetz" – der Name „Anlegerschutzverwässerungsgesetz" wäre besser gewesen. Denn glaubt jemand, dass die Finanzlobby die Absicht hat, dem Verbraucher Gutes zu tun?

Es ist für ein demokratisches Land schädlich, wenn so viele Interessensgruppen in der Politik mitwirken. Dasselbe gilt für den aufgeblasenen Lobbyapparat in Brüssel. Nur eine in allen Bereichen europäische Politik könnte diesem Missstand abhelfen. Eine solche Gemeinsamkeit unter allen 28 EU-Staaten herzustellen, ist allerdings illusorisch. Wahlbeteiligungen von weniger als der Hälfte, ja weniger als 50 % der Stimmberechtigten bei Wahlen zum Europäischen Parlament belegen das Misstrauen der Bürger gegenüber der EU, oder, schlimmer, die Missachtung der EU.

Halbwahrheiten

Dem Bürger wird seit langem Theater vorgespielt: „Wir (die Politiker) sind die Vielversteher und wissen im Gegensatz zu Euch alles. Wir vertreten Eure Interessen." Dann werden nur die Interessen der

Wirtschaft vertreten: Hoteliers erhalten Steuergeschenke. TTIP begünstigt zu 95 % die Interessen von Unternehmen. Großbanken werden mit Steuergeldern „gerettet", weil sie sich in Griechenland verzockt haben. Leider ist den Politikern nicht bewusst, dass dem Wähler das Wohl unseres Landes wichtig ist.

Nahezu jeder deutsche Politiker bedient sich irreführender Formulierungen, wenn er zu seinen Untertanen spricht. In der bereits angesprochenen Talkshow stellte Familienministerin Schwesig die Prävention vor dem radikalen Islamismus so dar: Die Regierung engagiere sich im Kampf gegen den radikalen Islamismus. Sie schicke sogar Imame in die Gefängnisse, um einer Islamisierung besonders anfälliger Inhaftierter vorzubeugen (siehe Kapitel „Lügen Politiker"). Das klang gut und wurde auch getan. Leider schickte die Ministerin zu dieser Zeit insgesamt nur zwei Imame in die Gefängnisse von Rheinland-Pfalz und Baden-Württemberg.[37] Schwesig hat zwar die Wahrheit gesagt, gleichzeitig aber das geringe Ausmaß der Maßnahme der Öffentlichkeit verschwiegen – Halbwahrheiten.

Ein weiteres Beispiel ist in der Flüchtlingsdebatte zu finden: Von der Politik wird der Anschein erweckt, dass viel für Flüchtlinge getan wird. Das ist eine rhetorische Irreführung. 2014 kamen rund 670 000 Flüchtlinge nach Europa. Zwei Drittel wurden von Frankreich, Italien, Schweden und Deutschland aufgenommen; nach Deutschland kamen rund 200 000 Flüchtlinge.

Diese Tatsachen wurden in der Öffentlichkeit zelebriert. Gleichzeitig wurde lamentiert, dass die anderen 24 EU-Staaten nur ein Drittel des gesamten Flüchtlingsaufkommens aufnahmen. Man vermittelte dem Bürger, dass Deutschland an die Grenzen der Möglichkeiten gekommen sei und dass es ein Ungleichgewicht zwischen den EU-Staaten zum Nachteil Deutschlands gebe.

Wenn man die Fakten aus einer anderen Perspektive betrachtet, ergibt sich folgendes Bild: Im Verhältnis zur Bevölkerungszahl hat 2014 Schweden 8,4 Asylbewerber pro 1000 Einwohner aufgenommen, Malta 3,2 und Deutschland 2,4. Wird die nationale Wirtschaftsleistung in diese Betrachtung einbezogen, steht Deutschland noch schlechter da. Es ist also alles eine Frage der Auslegung. Und wenn man bedenkt, wie viel Profit internationale Rüstungskonzerne aus dem Verkauf von Waffen und Kriegsgerät an die Herkunftsländer der Flüchtlinge geschlagen haben, müssten Deutschland, die USA und Russland alle Syrer aufnehmen.

Kriege Schaffen

Der Aktienanalyst Dirk Müller hat es einmal auf den Punkt gebracht: Erst zerbomben wir deren Heimat, bringen Pest und Cholera, versprechen Demokratie, doch stattdessen bringen wir Tod, Elend und Perspektivlosigkeit. Und wenn die Demokratie nicht zu den Leuten kommt, dann kommen die Leute zur Demokratie.[38]

1998 verlangte die neokonservative US-amerikanische Denkfabrik „Project for the new American Century" in einem offenen Brief an Präsident Clinton, das Regime Saddam Husseins zu stürzen, damit es nicht in Besitz von „Massenvernichtungswaffen" gelange. Zu den Unterzeichnern gehörte die Crème de la Crème der amerikanischen Neokonservativen, darunter John R. Bolton, Richard Perle, Donald Rumsfeld und Paul Wolfowitz.[39]

Wofür genau steht „Neokonservatismus"? Es handelt sich um eine messianische Ideologie, die eine globalen Pax Americana anstrebt. Werte wie Freiheit, Demokratie, Rechtsstaatlichkeit werden instrumentalisiert, um sie als Rammbock für machtpolitische Interessen einzusetzen. So soll die amerikanische Hegemonie weltweit durchgesetzt und verteidigt werden, in Verbindung mit einem so weit wie möglich deregulierten, deutlich am Finanzkapital ausgerichteten Wirtschaftssystem. Weniger freundlich gesagt: Sozialdarwinismus gepaart mit Größenwahn und Zynismus.[40]

Zusammengefasst heißt das: Wer sich nicht den amerikanischen Vorstellungen von Gesellschaft und Wirtschaft anpasst, wird beseitigt. Die Ereignisse im Irak sprechen für sich. Tatsächlich kann man

Neokonservatismus auch in Deutschland entdecken: Unsere Politiker setzen sich mit großer Sorgfalt für eine Verlagerung der Macht vom Bürger zur Wirtschaft ein. Die Demokratie erodiert. In Amerika und auch in Europa führen Regierungen im Namen des Volkes Kriege, um den Waffenlieferanten ein ertragreiches Geschäft zu ermöglichen. Geld für die „demokratisierten" Länder wird dann für Waffen ausgegeben, die natürlich im Westen eingekauft werden. Auch in Deutschland?

Der Profit der Rüstungskonzerne

Der Anstieg bei den Rüstungsexporten ist enorm. So wurde Mitte 2015 bereits das Volumen der gesamten Exporte aus dem Jahr 2014 erreicht. Mehr als die Hälfte der Rüstungsausfuhren waren für Verbündete in der EU und NATO bestimmt. Der Rest ging an Drittländer, auch in Krisenregionen. So stieg der Wert der Exportgenehmigungen Deutschlands für Saudi-Arabien 2014 auf 209 Mio. €, 2015 auf 270 Mio. €.[41]

Die Bundesregierung betonte, dass dafür keine Panzer geliefert würden, sondern Komponenten wie etwa Fahrgestelle für Transporter. Nach Kuwait wurde demnach die Lieferung von zwölf Spürpanzern genehmigt, nach Syrien ein geschütztes Fahrzeug und Teile davon für eine UN-Mission, und in den Nordirak Waffen für kurdische Peschmergakämpfer.[42] In der folgenden Tabelle sind die Aktienentwicklungen und Umsätze 2015 großer Rüstungskonzerne aufgeführt:

Rüstungskonzern	Aktienentw. in den letzten 5 Jahren[43]	Umsatz durch Rüstungsgüter[44]
Lockheed Martin (USA)	360,00%	36,4 Mrd. US-$
Boeing (USA)	234,00%	28 Mrd. US-$
BAE Systems (USA)	151,00%	25,5 Mrd. US-$
Raytheon (USA)	318,00%	21,8 Mrd. US-$
General Dynamics (USA)	266,00%	19,2 Mrd. US-$
Airbus Group (D, F)	304,00%	12,9 Mrd. €
Rheinmetall (D)	123,00%	2,9 Mrd. €
Krauss-Maffei Wegmann(D)		840 Mio. €

Vergleich Wertentwicklung und Umsatz von Rüstungskonzernen

Die Waffenhersteller verdienen, indem sie eine große Zahl von Waffen in Kriegsgebiete verkaufen. Die Bewohner in diesen Regionen zahlen mit ihrem Leben oder müssen ihre Heimat verlassen – und der deutsche Steuerzahler zahlt die Kosten für die Unterbringung der Flüchtlinge. Wirtschaftsunternehmen sind Nutznießer dieser Geschäfte. Flüchtlinge, Steuerzahler, Hilfsorganisationen und Kommunen zahlen die Zeche – eine zynische und menschenverachtende Umverteilung.

Waffen gegen Terroristen, Hilfe für Demokraten?

Tatsache ist auch, dass Deutschland den Peschmerga Kämpfern, die den IS im Norden Syriens und des Iraks bekämpfen, Waffen liefert. Diese haben zwar ein gespaltenes Verhältnis zur PKK, arbeiten hier aber mit der PKK zusammen. Diese wird wiederum von der

Bundesregierung als Terrororganisation geführt. Nichtsdestotrotz erhalten ihre Verbündeten Waffen. Das passt nicht zusammen. Die PKK-Kämpfer als Terroristen einstufen oder Waffen liefern– beides gleichzeitig ist unglaubwürdig.

Die Politik Russlands, Europas und der USA ist eine von Macht- und Geldgier angetriebene Katastrophe und verursacht Völkerwanderungen aus dem Nahen Osten nach Europa. Gleichzeitig zeigt sich Europa uneinig. Russland und die USA weigern sich, Verantwortung für die Flüchtlinge zu übernehmen. Der ehemalige CIA-Mitarbeiter Graham Fuller bestätigt: „Die USA hatten nicht die Absicht, den Islamistischen Staat zu erschaffen. Aber deren zerstörerische Intervention im Nahen Osten und der Krieg im Irak waren die beiden entscheidenden Geburtshelfer des IS." [45] Die Haltung der europäischen Länder unterscheidet sich davon nicht.

An dieser Stelle sollte der Begriff Terrorismus näher betrachtet werden. „Terrorismus ist die Einstellung und Verhaltensweise, die darauf abzielt, [politische] Ziele durch Terror durchzusetzen." [46] Unbestritten ist, dass der IS eine Terrorgruppe ist, die RAF war das auch. Die Muslimbrüder in Ägypten, die Hamas in Palästina oder die PKK in der Türkei sind indes Organisationen, die sich nicht der oben beschriebenen Hegemonie der USA unterwerfen wollen. Selbstverständlich betrachtet die PKK den türkischen Staat als Hauptfeind, leider aber nicht ohne Grund. Sie wird kurzerhand zu Terrorgruppe erklärt, weil sie sich teils mit Waffengewalt wehren. Wie ist aber die Tötungsmaschinerie zu bewerten, die türkische Regierung oder die Regierungen, die westliche Politik in Gang gesetzt hat, um „Frieden" zu schaffen und „Demokratie" zu installieren. Der ehemalige afghanische Präsident Karsai und der frühere irakische Ministerpräsident Maliki sind keine guten Beispiele für eine gelungene Demokratisierung. Dasselbe gilt für Libyen. Nach der Militärintervention gegen Gaddafi wurde Libyen sich selbst überlassen. Extremistische Gruppen stießen in das Machtvakuum hinein und das Land verfiel in Anarchie.

Israel und die Palästinenser

Ein weiteres Beispiel ist Israel, das alle Zugänge in den Gazastreifen sperrte. So erlosch das Wirtschaftsleben. Es fehlt an allem. Da wundert es nicht, wenn sich die 1,8 Millionen Einwohner wehren. Israel hält das Gebiet im Würgegriff und schneidet es von der Außenwelt ab – mit der Begründung, gegen Terroristen vorzugehen. Die Hamas wird zum Sündenbock gemacht. Dabei waren islamische Gruppierungen wie Hamas, Hisbollah in ihren Ursprüngen soziale Organisationen. Nun werden sie als Terrorgruppen eingestuft. Die Palästinenser haben kaum eine Chance gegen die Repression Israels einen funktionierenden Staat aufzubauen. Die Betroffenen empfinden dies als Staatsterrorismus.

Die westlichen Regierungen sehen die israelischen Repressionen gegen Palästina nicht als

Staatsterrorismus an. Diese Sichtweise ist interessensorientiert, eine Orientierung an Werten ist hier nicht im Ansatz zu erkennen. Es geht um Macht. Wenn sich die palästinensischen Jugendlichen mit Steinen, ja mit Steinen, wehren, werden sie eben erschossen – sogar zehnjährige Mädchen. Das geschieht auch aus rassistischen Motiven. Der israelische Rassismus geht so weit, dass jüdische Israelis dazu aufgerufen werden, keine Wohnungen an Araber zu vermieten, nicht mit Arabern zusammen zu wohnen und ihre Kinder nicht zusammen mit Arabern in die Schule zu schicken.

Tatsache ist jedenfalls, dass auch aus Sicht der deutschen Politik die Israelis als die „Guten" und die Palästinenser als die „Bösen" gelten. Würde man die Israelis so behandeln wie sie die Bewohner des Gazastreifens, würde ein furchtbarer Aufschrei durch die westliche Welt gehen.

Wahhabiten und Muslimbrüder

Genauso doppelzüngig ist die westliche Politik, wenn es um den Wahhabismus geht. Wahhabismus ist eine Richtung des Islams, bei der die Scharia die einzige Gesetzesgrundlage ist. Seine Anhänger nennen sich nicht Wahhabiten, sondern Salafis. Dies kommt uns bekannt vor, denn in Deutschland ist oft von „Salafisten" die Rede. In Saudi-Arabien z. B. herrschen Wahhabiten. Aber auch die Anhänger von Al-Qaida oder des IS sind Wahhabiten.

Dem Westen ist egal, welche ideologische Einstellung ein Regime hat, Hauptsache man kann gute Geschäfte mit ihm machen. Doppelmoral zeigt sich auch bei der Behandlung Tunesiens. Trotz der vom Westen hochgelobten Reformen durch die Regierung der Ennahda-Partei wurde verheimlicht, dass diese Partei die tunesischen Muslimbrüder darstellt. Tunesien jedenfalls hat die arabische Revolution erfolgreicher gemeistert als alle anderen Länder dieses Raums, vor allem solche, in denen der Westen interveniert hat. In Ägypten werden die Muslimbrüder als Terroristen dargestellt, die einen radikalen Islam installieren wollen. Etwas mehr Differenzierung muss von unseren Politikern verlangt werden. Man sollte sich überlegen, ob man nicht besser auf Muslimbruderschaft, Hamas oder Hisbollah setzt. So hätte ein Frieden im Nahen Osten bessere Aussichten.

Sanktionen, Interventionen – Anarchie

Terroristen sind unmenschlich. Ihre Taten sind geplant, ihre Interessen sind nationalistisch, revolutionär, religiös oder auch wirtschaftlich motiviert. Wie aber steht es um den Einsatz deutscher Streitkräfte. Nach David Jay Whitaker, einem Geschichtsprofessor und Mormone, ist „Guerilla" eine zahlenmäßig größere Gruppe bewaffneter Individuen, die als militärische Einheit operiert, feindliche militärische Kräfte angreift und die Gebiete erobern und halten will [...], während sie gleichzeitig eine gewisse Form der Souveränität oder Kontrolle über ein definiertes geografisches Areal und seine Bevölkerung ausübt.[47] Demnach sind unsere Soldaten, die unsere Freiheit am Hindukusch verteidigen, in Wirklichkeit Guerilla-Kämpfer. Nur durch die internationale Sanktionierung, also die Legitimation durch die UN, werden unsere Soldaten zur legitimen Besatzungsmacht. Aber inwieweit kann man der deutschen Regierung die Beteiligung an der Entstehung der Kriege im Nahen Osten zurechnen?

Lässt sich ein Land nicht die „westlichen Werte" aufzwingen, wird es erst mit Sanktionen belegt, so Iran, der Irak oder auch Russland. Der Irak unter Saddam Hussein hatte zudem noch geplant, sein Erdöl in Euro zu handeln, statt dafür den US-Dollar zu nehmen. Der Dollar wäre nur noch Zahlungsmittel und vielleicht nicht mehr das Papier wert gewesen, auf dem er gedruckt wird, wäre das Öl einmal nicht mehr in dieser Währung gehandelt worden.

Weiterhin sollten die deutschen Politiker dem Bürger erklären, warum die Besetzung von Palästinensergebieten durch Israel legal ist und die Annexion der Krim durch Russland nicht. Beiden Fällen sollten gleich bewertet werden: als Besatzung. Das ist aber nicht der Fall.

Durch westliche Interventionen wurden zwar Machthaber gestürzt. Meistens konnte aber keine Regierung etabliert werden, die Frieden schuf. Im Gegenteil: Es kam zu Bürgerkrieg und Anarchie. Im Irak besetzte Maliki, ein Schiit, alle wichtigen Ämter und Posten mit Schiiten. Die Sunniten, die durch den

Diktator Saddam Hussein begünstigt worden waren, fanden sich ausgeschlossen. Ein innerirakischer Konflikt wurde entfacht.

Sobald in den betroffenen Ländern Anarchie ausbrach, begann man unter dem Deckmantel der Terrorismusbekämpfung einen Krieg. Merkte man, der wird teuer oder der Rückhalt im eigenen Land schwand, erklärte man die „Mission accomplished" und zog ab. Zurück blieben Menschen, die sich keinen Schlepper nach Europa leisten können. Sie werden durch bewaffneten Gruppen im eigenen Land terrorisiert. Afghanistan, Irak oder Libyen sind dafür gute Beispiele. In Syrien sollte das Assad-Regime vertrieben werden. Das hat nicht funktioniert. Stattdessen kam der IS.

Die Angriffe der Briten und Franzosen auf Lybien wurde durch eine Resolution der UN legitimiert. Allerdings wollten auch die USA Gaddafi loswerden, weil er in Afrika amerikanische Militärbasen verhindert hatte. 48 Außerdem bestand Aussicht auf Erdöl aus Libyen. Mit der Begründung, die Bevölkerung zu schützen, wurden Angriffe geflogen. Gaddafi wurde gestürzt. Und das Land versank in Anarchie. Großbritannien und Frankreich waren Marionetten der Amerikaner, denen ein weiterer Krieg zu teuer geworden war. Europäer müssten Verantwortung tragen und eine Führungsrolle übernehmen, hieß es aus Washington. Selbstverständlich halfen wir unseren amerikanischen Freunden.

Zu Gaddafis Herrschaftssystem gehörten Milizen und Söldner, die hauptsächlich aus der Sahelzone und aus dem westlichen Schwarzafrika stammten. Die Milizen hatten nun keinen Befehlshaber mehr und waren deshalb auf der Suche nach neuen Partnern. Die fanden sie nicht und kehrten daher mit vielen Waffen in ihre Heimatländer zurück – und schlossen sich der hauptsächlich in Nigeria aktiven Terrorgruppe Boko Haram und den Tuareg-Rebellen im Norden Malis an.[49]

Wieder waren zwei Kriegsschauplätze mehr auf der Agenda des Westens. Eine Ironie des Schicksals ist, dass Frankreich nun die Folgen des selbst herbeigeführten Sturzes Gaddafis bekämpfen musste. Es waren auch harte französische Interessen im Spiel – Mali ist ein großer Goldproduzent. Daraus kann man nur folgern, dass die französische „Weltpolitik" sehr kurzsichtig angelegt ist.

Derweil beschweren sich deutsche Politiker, dass zu viele Flüchtlinge kommen. Das ist verlogen, denn der Westen hat die Kriege und schlechte Lage in vielen Ländern verursacht. Unsere britischen und französischen Partner haben als Handlanger der USA Anarchie hervorgebracht und dadurch erst den Weg für die Schlepper freigemacht. Jeder deutsche, französische, britische oder andere europäische Politiker, der sich über „Flüchtlingswellen" beschwert, sollte sich an die eigene Nase fassen!

In Iran konnte man das Regime nicht stürzen. Man erklärte das Land aber zur „Achse des Bösen" und unterstellte ihm die Absicht, Atomwaffen zu bauen. Die jahrelangen Sanktionen hatte die Bevölkerung Irans auszubaden.

Es grenzt an Irrsinn, dass Menschen andere Menschen bombardieren und Helfer dann dieselben Menschen wieder zusammenflicken. Dabei sind Kollateralschäden, wie z. B. das Bombardement eines Krankenhauses Anfang Oktober 2015 in Kundus durch die Amerikaner, einkalkuliert. Das Krankenhaus von „Ärzte ohne Grenzen" wurde vollständig zerstört, die Zahl der Toten und Verletzten war hoch. Dabei hat die Organisation den Amerikanern die Koordinaten mitgeteilt und trotz flehender Bitten hatten die Amerikaner das Bombardement noch eine halbe Stunde fortgesetzt.

Wer denkt, dass die Bewohner der Kriegsgebiete selbst schuld sind, wenn sie sich nach der „Befreiung" des Landes gegeneinander umbringen, liegt falsch. Wenn diesen meist diktatorisch regierten Ländern eine „Demokratie" verordnet wird, entsteht in den meisten Fällen ein Machtvakuum und damit ein Nährboden für Anarchie und Terrorismus. Das gilt für den Irak, wo der IS sich ausbreitete. Das gilt aber auch für Syrien und Libyen, wo Gaddafi eliminiert wurde und seitdem Clanführer und Warlords das Sagen haben. Auch in Afghanistan sind die Taliban erneut auf dem Vormarsch.

Zusammenarbeit mit Diktaturen

Die Doppelmoral westlicher Politik zeigt sich auch anderswo: In Afrika wird im Geheimen mit Terrorregimes zusammengearbeitet, z. B. mit Eritrea, Sudan und Süd-Sudan. Dort will die EU die „Fluchtursachen" bekämpfen. Mit anderen Worten: Man will, dass die Flüchtlinge in ihren Folterstaaten bleiben. Im sogenannten Khartum-Prozess interessiert es keinen der europäischen Politiker, ob die Menschenrechte in diesen Ländern verletzt werden. Willkürliche Hinrichtungen und systematische Folter sind in Eritrea an der Tagesordnung. Sind dies die viel zitierten Werte der EU oder ist die EU nur interessenorientiert? Sie ist eindeutig Letzteres, denn es besteht eindeutig das Interesse, weniger Flüchtlinge nach Europa zu lassen. In Zusammenarbeit mit Sudan soll ein „regionales Trainingszentrum zur Bekämpfung des Menschenhandels" aufgebaut werden. In Kairo sollen die Sudaner in „Immigrationsmanagement" geschult werden und eine Polizeiakademie mit EU-Hilfe geschaffen werden. Das ist eine Win-win-Situation für die EU und den sudanesischen Diktator al-Baschir, der wegen Völkermordes vom Internationalen Strafgerichtshof gesucht wird. Auch der Süd-Sudan ist ein Partner der EU. In diesem Land bestimmen Bürgerkrieg, Massenvergewaltigungen und Massenerschießungen den Alltag. Dort soll nun in Zusammenarbeit mit der EU das „Grenzmanagement" verbessert werden. Deutschland ist eine treibende Kraft für die

Implementierung des Prozesses. Hier werden Gemeinsamkeiten mit den Diktatoren statt mit Bürgerrechtlern gesucht.[50]

Durch das Verhalten der westlichen Regierungen wird die Demokratie, die propagiert wird, geschwächt und der Terrorismus gestärkt.

Korruption ignorieren

Der ehemalige Ministerpräsident Rumäniens, Victor Ponta, ein Sozialdemokrat, wurde am 2. November 2014 wiedergewählt. Ponta wurde Urkundenfälschung, Geldwäsche und Steuerhinterziehung vorgeworfen. Im Juni 2015 erhob die nationale Antikorruptionsbehörde Anklage gegen ihn. Der Politiker soll sich mit Scheinrechnungen von einer Anwaltskanzlei Geld erschlichen haben, das er für Luxuswohnungen in Bukarest verwendete. Außerdem wurde er mit Plagiatsvorwürfen konfrontiert. 85 Seiten von insgesamt 307 Seiten seiner Doktorarbeit seien wörtlich aus einem englischsprachigen Dokument ins Rumänische übersetzt worden. Ponta hat inzwischen auf seinen Doktortitel verzichtet, die Universität in Bukarest hat dies anerkannt.[51] Der Politiker wurde vom früheren deutschen Wirtschaftsminister und Vizekanzler Gabriel im Wahlkampf unterstützt, obwohl dieser wusste, dass Ponta durch und durch korrupt ist. Ponta trat 2015 zurück, weil ihm die rumänische Bevölkerung Mitschuld an einem Brand in einer Diskothek gab. Der Brandschutz war von korrupten

Politikern ignoriert worden. Es gab 27 Tote und 146 Verletzte.

Viele Menschen machen sich 2015 aus dem Kosovo nach West- und Mitteleuropa auf. Das verwundert nicht, weil man im Kosovo seine Existenz ohne Bestechung gar nicht sichern kann. EU und Vereinten Nationen haben bereits 2008 festgestellt, dass ein Großteil der 2,3 Mrd. €-EU-Hilfe, die seit 1999 in den Wiederaufbau der Region geflossen waren, in dunklen Kanälen versickert war. Gegen mehrere UN-Mitarbeiter wurden sogar Haftbefehle wegen Bestechlichkeit erlassen.[52] In einem Bericht des Europäischen Rechnungshofes vom Herbst 2012 wurde die Wirkungslosigkeit von EU-Hilfen zur Bekämpfung von Kriminalität und Korruption im Kosovo festgestellt. Das Ausmaß von organisierter Kriminalität und Korruption im Kosovo bleibe hoch. Weiterhin leide das Justizwesen unter politischer Einflussnahme, Ineffizienz und einem Mangel an Transparenz und Durchsetzung. Laut Rechnungshof bestehen auch „bedeutende Mängel" beim Zeugenschutz.[53]

Das Verschwinden von Milliardensummen, ohne dass Konsequenzen gezogen wurden, ist ein Skandal. Mehr noch: Diese Tatsachen werden weithin verschwiegen. Wir sollten uns deshalb nicht wundern, wenn Kosovaren auf der Suche nach einer menschenwürdigen Existenz ihre Heimat verlassen.

Der von der Regierung Serbiens geschlossene Radiosender „Internationales Radio Serbien" hatte vor der Sendeeinstellung noch einen Bericht online gestellt, indem die Korruption in Serbien angeprangert wird. Demnach hat die Hälfte der serbischen Bürger den Eindruck, dass die Korruption sich von 2010 zu 2011 erhöht hat. Auf dem internationalen Korruptionsindex ist Serbien tatsächlich von Rang 78 im Jahr 2010 auf Rang 86 im Jahr 2011 zurückgefallen. [54] Die Wahrnehmung der Bevölkerung ist also richtig gewesen. 2014 stand Serbien wieder auf Rang 78, seit 2010 hat sich also nichts verbessert – obwohl das Bundesministerium für wirtschaftliche Zusammenarbeit im Dezember 2013 die deutsche Juristin Bettina Nellen als Beraterin für die serbische Regierung abgestellt hat und auch die Kosten dafür übernahm. Nellen beriet die Regierung im Bereich Geldwäschebekämpfung und Einhaltung juristischer Normen im Bankenbereich. Darunter fällt wahrscheinlich auch die Korruptionsbekämpfung.

Nach dem Bericht des Radiosenders zeigte die Umfrage, dass ein Drittel der Befragten jemanden aus ihrem Umfeld kennt, der schon jemanden bestochen hat. In den meisten Fällen würde Geld an Ärzte, Polizisten und Angestellte in Behörden gezahlt. 62 % der Befragten glaubten sogar, dass Korruption der einzige Weg sei, die umfassende Bürokratie zu überspringen. Fast 90 % glaubten, dass Politiker aus der Korruption Nutzen ziehen. 18 % sagten, vor der Wahl 2012 sei versucht worden, ihre Stimme zu kaufen. – Wir sollten uns nicht wundern, dass auch Serben diese Verhältnisse hinter sich lassen wollen.

Kanzlerin Merkel hat gerade dann kein Problem mit Korruption, wenn es sich um das gleiche politische Lager handelt. Sie hatte keine Bedenken, den spanischen Premierminister Rajoy zu besuchen, obwohl sie wusste, dass er in einem bemerkenswerten Korruptionsskandal verwickelt war. Seine Volkspartei (PP) hatte mit Kenntnis Rajoys 20 Jahre lang illegale Spenden – Schmiergeld – von Unternehmen erhalten. Der Schatzmeister der Partei wurde in Haft genommen. Merkel reiste ungeachtet dessen nach Spanien und unterstützte Rajoy im Wahlkampf.

Korruption ist auch in Albanien, Bosnien-Herzegowina, Mazedonien und Bulgarien verbreitet. Bulgarien lag im Index von Transparency International 2014 mit Rumänien auf Rang 69 – hinter Südafrika, Ghana und Saudi-Arabien. Es ist schon ein EU-Debakel, dass Brüssel permanent wegschaut. Die Homepage des Auswärtigen Amtes erwähnt korrupte ausländische Regierungen mit keinem Wort, obwohl dort auch deutsche Steuergelder verschwinden.

Entstehung von Terrorgruppen fördern

Es ist der 7. Januar 2015, der Tag des Attentats auf die Redaktion von „Charlie Hebdo" in Paris. In den Medien wird über dieses Ereignis ausgiebig berichtet. Es war ein furchtbarer Anschlag, bei dem viele Menschen ihr Leben verloren. Der Anschlag richtete sich gegen die westliche Gesellschaft und die

Meinungs- und Pressefreiheit in Europa. Für die Terrorakte vom 13. November 2015 in Paris gilt dies gleichermaßen.

Warum wurden die Anschläge verübt und warum gerade in Frankreich? Der Hass radikaler Islamisten auf Europa wuchs ständig. Kein Politiker war bis dahin in der Lage, dies zu erkennen und dem entgegenzuwirken. Stattdessen wurde nach den Anschlägen von „Krieg" gesprochen. Selbst der ehemalige deutsche Bundespräsident beteiligte sich an dieser Rhetorik. Krieg ist ein organisierter und unter Einsatz erheblicher Mittel mit Waffen und Gewalt ausgetragener Konflikt, an dem oft mehrere planmäßig vorgehende Kollektive beteiligt sind. […] Die dazu stattfindenden Gewalthandlungen greifen gezielt die körperliche Unversehrtheit gegnerischer Individuen an und führen so zu Tod und Verletzung. Neben Schäden an den am Krieg aktiv Beteiligten entstehen auch immer Schäden, die unbeabsichtigt sind. Sie werden heute euphemistisch als „Kollateralschäden" oder Begleitschäden" bezeichnet. Krieg zerstört auch die Infrastruktur und die Lebensgrundlagen der Bevölkerung.

Bei den Anschlägen von Terrorgruppen gibt es keine Kollateralschäden, denn sie planen größtmögliche Schäden, unbeabsichtigte Schäden gibt es nicht. Auch die Infrastruktur wird durch Anschläge wie in Paris nicht zerstört. Die Anschläge sind also kein Krieg.

Versäumnisse und Fehler

In den vergangenen Jahren vollzog sich eine Entwicklung, in der sich radikal-islamische Terrorgruppen, wie Al-Qaida und der Islamische Staat, formierten. Auch wurden einige Bevölkerungsgruppen, hauptsächlich arabischer Herkunft, von der europäischen Politik sträflich vernachlässigt. Ein Beispiel ist unser westlicher Nachbar:

- Frankreich hat seine Emigranten aus dem arabischen bzw. nordafrikanischen Raum in Vorstädten eingepfercht – und nichts für ihre Integration getan. Die Jugendlichen dort haben nur geringe Perspektiven in der französischen Arbeitswelt. So wurden sie für die Losungen radikalislamischer Gruppen empfänglich. Selbst nach den Krawallen 2010 in den Vorstädten wurden die Probleme ignoriert. Jetzt erhält man die Quittung für eine misslungene Integration. Deshalb ist der Zulauf zu Terrorgruppen im Jahr 2015 noch einmal rasant angestiegen.

- die Attentäter von „Charlie Hebdo" waren den Behörden bekannt, man hat sie aber gewähren lassen. Den Behörden war auch bekannt, dass die Attentäter von „Charlie Hebdo" mit dem dritten Attentäter von Paris Kontakt hatten und dass alle drei eine Ausbildung bei Al-Qaida im Jemen bzw. beim IS in Syrien absolviert hatten. Ein Terrorist war auffällig geworden, als er in Frankreich für IS rekrutierte. Ähnlich war es bei den Attentätern der Anschläge im November 2015.

Die Attentäter von „Charlie Hebdo" waren in Frankreich zur verdeckten Überwachung ausgeschrieben, was aber offensichtlich die Strafverfolgung nicht aktivierte. Alle drei standen auch auf einer Terrorliste für die USA. – Man ließ sie gewähren.

Der radikalislamische Terrorismus fand gerade im Irak und Libyen ein ideales Betätigungsfeld, weil der Westen durch Interventionen oder Untätigkeit dort Chaos und Anarchie hinterlassen hat.

Der erste und zweite Irak-Krieg etwa wurde von den Amerikanern angezettelt, weil die USA die Erdölförderung unter ihre Kontrolle bringen wollte und Diktator Saddam Hussein eine Politik zum Nachteil der USA betrieb. Syrien wurde nach Kriegsbeginn sich selbst überlassen in der Hoffnung, dass Präsident Assad von der eigenen Bevölkerung vertrieben wird. Der Krieg in Libyen wurde von Frankreich und Großbritannien geführt. Dann wurde auch das Land sich selbst überlassen. Afghanistan hat sich seit 2001 zu einer unendlichen Geschichte entwickelt…

Gerade Syrien wurde von der westlichen Welt allein gelassen. Dann wunderten sich Obama, Merkel und Hollande, dass dort Terrorgruppen regen Zulauf haben, nicht nur aus der Region, sondern auch aus Europa. In Westafrika wird Nigeria von Boko Haram terrorisiert. Die Medien berichten darüber, die Politiker unternahmen bisher nichts. Dem Zulauf zu den

Terrorgruppen haben die Innenminister der EU wenig entgegenzusetzen.

Die deutsche Politik glänzte durch Aktionismus. Sie diskutierte die Vorratsdatenspeicherung, obwohl sie vom Verfassungsgericht als verfassungswidrig eingestuft wurde. Innenminister de Maizière sagte in einem Interview, dass sich alle Fachleute einig seien und eine Vorratsdatenspeicherung von allen Telefongesprächen, Mails, SMS, etc. für zwei Jahre erforderlich sei. Wer diese Fachleute sind, hat er nicht gesagt. Gewiss haben sich einige von ihnen in dieser Richtung geäußert. Aber nicht alle.

Als Paris die Attentate erlebte, praktizierte Frankreich bereits die Vorratsdatenspeicherung. Verhindert hat sie nichts. Die Vorratsdatenspeicherung kann nur im Nachhinein zur Aufdeckung von Verbindungen genutzt werden. Ist es deshalb notwendig, alle Bürger unter Generalverdacht zu stellen? Durch eine effektive Prävention würden solche Verbindungen erst gar nicht entstehen. Die Vorratsdatenspeicherung ist nur ein Mittel, die Gesellschaft gefügiger zu machen.

Die französischen Polizeikräfte haben nach dem Anschlag auf Charlie Hebdo hart durchgegriffen und bei beiden Geiselnahmen die Terroristen erschossen. Präsident Hollande und sein Innenminister versuchten die Krise zu meistern. Dennoch gibt es einen Widerspruch: In den Medien wurde nach den Anschlägen die Angst der französischen Juden zum

Thema gemacht. Unverständlich ist jedoch, dass der israelische Ministerpräsident Netanjahu den französischen Juden riet, Frankreich zu verlassen und nach Israel auszuwandern. Ist Netanjahu doch derjenige, der die Palästinensergebiete zusammengebombt hat und Israel damit unsicherer gemacht hat. Schürte er damit nicht auch den Hass? Erleichterte er damit nicht auch Rekrutierungen der Islamisten?

In Deutschland und Europa sind die sogenannten Heimkehrer, also die Bürger, die im Syrien-Krieg für die IS gekämpft haben und in ihre Heimat zurückkehren, besonders gefährlich. Sie verhalten sich eine Zeit lang unauffällig und schlagen irgendwann in kleinen Gruppen zu. So war es bei den Attentaten im November 2015 in Paris. Die Strafverfolgungsbehörden können die Kommunikation solcher Gruppen schwer überwachen. Eine Überwachung gestaltet sich schwierig und ist aufwendig. Aber was kann man tun, um die Gefahr, die durch potenzielle Attentäter droht, besser zu erkennen? Präventiv einsperren? Das ist in einem Rechtsstaat nicht möglich. Ein zweites Guantánamo ist nicht gewollt. Denn gerade durch ihr gesetzloses Handeln gegenüber Terrorismusverdächtigen schürte die USA Hass bei vielen Muslimen.

Auch die Gesellschaft trägt einen Teil der Schuld. Die Islamisten suchen gerade in Kreisen sozial ausgegrenzter junger Leuten nach Nachschub für ihren

Krieg. Sie nutzen moderne Kommunikationswege, um ein mittelalterliches Weltbild zu verbreiten. Eine primitive Auslegung der islamischen Schriften dient zur ideologischen Rechtfertigung. Auch Geld und Anerkennung sind starke Lockmittel. Europäische Regierungen sprachen von Angriffen auf unsere Werte und Lebensweise. Gerade deshalb wären ein Ende der sozialen Ausgrenzung und eine bessere Integration vielversprechende Ansätze, um den islamistischen Terrorismus wirksam einzudämmen. Dazu muss die Politik aber auch finanzielle Mittel zur Verfügung stellen – anstatt die Jugendarbeit einzudampfen.

Angesichts dieser Gefährdungslage muss man sich auf den Staats- und Verfassungsschutz verlassen! Fehler und Versäumnisse bei der Aufklärung der NSU-Morde haben das Vertrauen in unsere Sicherheitsorgane aber massiv beschädigt. Aufgefallen ist, dass nach den Anschlägen von Paris im Januar 2015 in Frankreich, Belgien, Deutschland und Griechenland mehrere Personen festgenommen wurden. Nach Polizeiberichten standen in Belgien unmittelbar Anschläge bevor. Die Alarmglocken läuteten. Aber auch sie hat man nicht gehört, wie die Terroranschläge von Brüssel leidvoll zeigten. Hat man die Schläfer schlafen lassen oder hat man selbst geschlafen?

Islamismus und Islam

Die Berichterstattung zum Charlie-Hebdo-Anschlag setzte andere Schwerpunkte: Wie hoch war die Auflage der Satirezeitschrift. Wie viele Exemplare haben

Zeitungskioske in Berlin und München erhalten? Statt Hintergrundinformationen zu Tätern und politischen Zusammenhänge erhielt die besondere Satire von „Charlie Hebdo" einen prominenten Platz in der Berichterstattung. Denn die Karikaturen über den Islam oder den Propheten Mohammed waren bereits seit Jahren ein Politikum. Die allermeisten Muslime, denen die Karikaturen missfielen, distanzieren sich von Gewalt. Sie akzeptieren auch unsere Werteordnung und leben friedlich unter uns.

Ein kläglicher Versuch der deutschen Regierung, Muslime besser zu integrieren, war die Islamkonferenz unter der Verantwortung des Bundesinnenministeriums. Leider fiel den Verantwortlichen nicht auf, dass die muslimische Gemeinschaft in Deutschland von vielen Verbänden vertreten wird, an der Islamkonferenz allerdings nur wenige von ihnen teilnahmen. Es fällt auf, dass in den letzten Konferenzen nur Männer vertreten waren. Wo waren die muslimischen Frauen?

Der Islam ist eine Weltreligion und genießt deshalb gesellschaftlichen Respekt und politische Anerkennung. Islamismus hat auch mit dem Islam zu tun. Das heißt aber nicht, dass alle Muslime Islamisten sind oder die Taten von islamischen Terroristen gutheißen. Alle Islamisten sind aber Muslime! Wie können wir, als weitgehend christlich geprägte Gesellschaft, genauer differenzieren und islamische Sichtweisen besser verstehen?

Kanzlerin Merkel sagte: „Der Islam gehört zu Deutschland". Das ist ein banaler Spruch. Was ist damit wirklich gemeint? Die islamische Kultur? Die islamische Geschichte bestimmt nicht! Besser wäre es, zu sagen, dass der Islam zur deutschen Gesellschaft und zum deutschen Alltag gehört. Auf der anderen Seite sollte die Frage gestattet sein, inwieweit Islamisten und Salafisten zum Islam – und damit auch zur deutschen Gesellschaft – gehören.

Dschihadisten und Salafisten

Andere europäische Länder lösen das Problem professionell. Ein Beispiel ist die Stadt Århus in Dänemark. Sie hat ein Programm ins Leben gerufen, das (potenzielle) IS-Kämpfer durch Hilfen bei der Jobsuche und durch intensive Gespräche, auch mit dem familiären Umfeld, von einer Ausreise nach Syrien abhalten bzw. nach einer Rückkehr wieder integrieren soll. Die Behörden konnten einen Erfolg vorweisen: 2013 zählte die Stadt 31 Dschihadisten, nach Einführung dieses Programms 2014 nur noch einen.[55] Auch wenn das Programm nicht perfekt ist, die Behörden tun etwas.

In Deutschland fehlt ein Konzept, in dem Sicherheitsbehörden, Psychologen, muslimische Verbände, Bund, Länder und Kommunen zusammenarbeiten. Stattdessen reagiert die Politik lediglich. Es scheint, dass es erst einen Anschlag geben muss, bevor über solche Ansätze wie in Dänemark diskutiert wird. Stattdessen bevorzugt der deutsche

Staat die Vorratsdatenspeicherung und den Entzug des Personalausweises. Hierzu muss man noch anmerken, dass ein überzeugter Anhänger der IS sich vermutlich mit gefälschten Ausweispapieren behelfen wird. Auch Flüchtlinge stehen wieder im Fadenkreuz meist bayerischer Politiker. Beim Attentat im November 2015 wurden syrische Ausweise gefunden, einer mit Registrierungen aus mehreren südosteuropäischen Staaten. Es wurde vermutet, dass dies Fälschungen waren. Natürlich können Terroristen auch im Flüchtlingsstrom in die EU kommen. Selbst wenn diese Art der Einreise für Terroristen unterbunden würde, würden sie gewiss andere Mittel und Wege finden. Der IS verfügt über Geld und Netzwerk.

Die Karriere der Dschihadisten beginnt auch in den Gefängnissen. Oft finden junge Kleinkriminelle dort den Kontakt zu Islamisten. Sie sind wegen eher geringfügigen Straftaten in Haft, haben einen niedrigen Bildungsstand und es mangelt ihnen an Selbstwertgefühl. Da stellt sich die Frage: Sind Salafisten die besseren Sozialarbeiter? Unser Staat hat dem nur wenig entgegenzusetzen. Wie bereits erwähnt, gab es bundesweit nur zwei Seelsorger, die sich um solche gefährdeten Menschen kümmerten.

Was ist mit den Salafisten? In den Medien werden oft Begriffe verwendet, mit denen man nichts anfangen kann. „Salafist" gehört dazu. Salafisten sind ultrakonservative Muslime, die dem Wahhabismus anhängen. Sie stellen sich in Bielefeld, Stuttgart und

Berlin in die Fußgängerzonen und verteilen den Koran. Diese Aktionen dienen zur Kontaktaufnahme mit Jugendlichen.

Ein anderes Beispiel ist die „Scharia-Polizei" in Wuppertal. Salafisten wollen tatsächlich Scharia-Gesetze in Deutschland etablieren. Die Politik hat diese Aktion im Keim erstickt, aber nur diese. Hinter den Kulissen finden weitere salafistische Propaganda-Aktionen statt – auch wenn der Verfassungsschutz Moscheen und und die Besucher dieser Moscheen überwacht. Um dies so effektiv zu tun, wie es nötig wäre, müsste man wesentlich mehr Personal einsetzen. Deshalb suggerieren uns solche Überwachungsaktionen mehr Sicherheit, als sie wirklich erbringen. Dasselbe gilt für die Vorratsdatenspeicherung. Es müsste über eine Ausweisung von Salafisten, die Kämpfer für IS rekrutieren, nachgedacht werden! Für die Überwachung deutscher Salafisten wäre mehr Personal verfügbar. Gesetzeswidrige Handlungen müssten bedingungslos verfolgt werden. Innenminister de Maizière müsste Moscheen, die Besuch von Terroristen dulden oder fördern umgehend schließen und die Vereine als Betreiber dieser Moscheen unverzüglich verbieten.

Nach den Anschlägen in Sousse (Tunesien) am 27. Juni 2015, bei dem 39 Menschen getötet wurden, sprach der damalige Außenminister Steinmeier von einem feigen Mordanschlag. Innenminister de Maizière sagte in den „Tagesthemen": „Auch Deutschland ist einer ernst zu nehmenden Bedrohungsgefahr ausgesetzt, auch wenn wir keine konkreten zusätzlichen Hinweise haben, aber unsere Behörden bleiben wachsam." Der erste Gedanke, den dem Bürger dabei kommt, ist Hilflosigkeit. Ein Terroranschlag in Deutschland wird kaum zu verhindern sein. Schließlich kommt der Verdacht auf, dass manchen Politikern der Terrorismus ganz recht kommt, rechtfertigt er doch neue Sicherheitsgesetze und Anti-Terrorismus-Maßnahmen.

Die den Pariser Anschlägen vom November 2015 folgende öffentliche Debatte war eine Kopie der Diskussionen nach dem Attentat auf „Charlie Hebdo". In den Talkshows „Anne Will" vom 14. Januar 2015, „Maybrit Illner" vom 15. und 22. Januar 2015 oder „Hart aber fair" vom 19. Januar 2015 wurden alle Themen bereits diskutiert. Politiker und Fachleute erläuterten, was getan werden muss. Passiert ist bisher wenig. Für Extremismus anfällige Jugendliche in Frankreich, Belgien und Deutschland werden immer noch sich selbst überlassen. Stattdessen gefiel sich der französische Präsident Hollande in Kriegsrhetorik. Auch wurde der NATO-Bündnisfall in Erwägung gezogen – wie er nach den Terroranschlägen vom 11. September 2001 ausgerufen worden war.

Die Ereignisse wiederholen sich und immer wieder werden die gleichen Fehler macht. Man nutzt das Recht auf staatliche Selbstverteidigung und antwortet mit Gegengewalt. Dadurch treibt man dem islamischen

Extremismus weitere Menschen zu, die glauben, der Westen sei im „Krieg gegen den Islam". Auch spielen innenpolitische Interessen eine Rolle. Die französische Regierung nutzt den Spielraum, die ihr die Verhängung des Ausnahmezustands lässt. Das einzige Positive ist, dass „Terrornester" ausgehoben wurden. Unverständlich ist nur, warum man das nicht schon vorher getan hat.

Fehler wurden aber auch in der Außenpolitik gemacht: Die USA haben durch den Irakkrieg erst den IS gestärkt, weil dieser sich auf das militärische Know-how der ehemaligen Armee Saddam Husseins stützen kann. Außerdem versprach man sich ein Gegengewicht zu Iran. Russland unterstützt das Assad-Regime und bekämpft die Opposition statt den IS. Die Türkei akzeptierte mindestens bis Mitte 2015, dass verwundete IS-Leute in der Türkei behandelt wurden und sich dort auch Waffennachschub sicherten. Das Erdöl, über das der IS verfügt, wurde ebenfalls in die Türkei verkauft. Erdoğans Einstellung gegenüber Assad und den Kurden, die im Norden Syriens erstarkten, ist bis heute feindlich. Saudi-Arabien und Katar trugen auch ihren Teil dazu bei, dass sich in Syrien Islamisten breitmachen konnten.

PEGIDA

PEGIDA ist eine Abkürzung für „Patriotische Europäer gegen die Islamisierung des Abendlandes". Das gibt zu denken, sind doch in der Bezeichnung ein paar Unbekannte versteckt. Patriotisch heißt vaterländisch, heimatliebend oder national. Das hat natürlich einen rechtsextremen Beigeschmack. Aber wie passt dazu „Europäer"? Patriotische Deutsche wäre schlüssig gewesen. Die Islamisierung musste wahrscheinlich herhalten, weil das Thema Islamismus in der Öffentlichkeit viel diskutiert wurde und sich auch gut für populistische Volten eignete. Ist nur noch zu klären, ob Deutschland oder Europa das „Abendland" ist. Im Mittelalter wurde der westliche Teil Europas, das heißt die Britischen Inseln, Frankreich, Deutschland, Italien, Spanien und Portugal als „Abendland" bezeichnet. Grund dafür war, dass dieser Teil des Kontinents der untergehenden Sonne am nächsten ist. Das griechisch-orthodoxe Europa und das islamische „Morgenland" im Osten sind der Morgensonne näher. Und hier liegt der Kerngedanke von PEGIDA: Islam und Abendland passen nicht zusammen.

Am 11. Oktober 2014 gründete Lutz Bachmann, den man der rechtsextremen Szene zuordnet, eine Gruppe, die sich zur PEGIDA entwickelte. Ein Organisationsteam aus zwölf Personen gab die Richtung vor. Man wollte unter perspektivlosen Wählern Anhänger gewinnen. Das gelang und die Zahl der Demonstranten in Dresden wuchs von Woche zu Woche. Die Medien berichteten darüber. Das ist selbstverständlich deren Aufgabe, verschaffte der Gruppe aber auch ein öffentliches Forum, obwohl gerade PEGIDA die Massenmedien als

„Lügenpresse" denunzierte. Kanzlerin Merkel reagierte verärgert und stellte die Gruppe umstandslos in die rechte Ecke. Sicherlich stand die Führungsriege von PEGIDA teilweise rechtsextremem Gedankengut nahe, aber keiner unserer Politiker, die Kanzlerin eingeschlossen, schaute genauer hin. Sie fragten sich nicht, warum der größte Teil der Anhänger aus normalen Bürgern bestand. Diese nahmen an den Demonstrationen in Dresden teil, weil sie hofften, ein Sprachrohr gefunden zu haben. Ein Sprachrohr, um der Politik mitzuteilen, wie unzufrieden sie mit ihr sind. Stattdessen ordneten maßgebliche Politiker die Demonstranten der rechtsextremen Szene zu, wohl wissend, dass dies nicht stimmte.

Warum bezeichnet PEGIDA die Presse als Lügenpresse? Weil sie nach Meinung der PEGIDA-Anhänger Tatsachen falsch oder einseitig darstellte. Allerdings ist „Lügenpresse" auch ein politischer Kampfbegriff aus der Weimarer Zeit. Das war vielen PEGIDA zugewandten Bürgern nicht bewusst. Kein Wunder, ist doch die historische Bildung in Deutschland nicht besonders gut.

Bei PEGIDA wird der Islam sehr kritisch gesehen. Die Berliner Politik predigte nur, den Veranstaltungen von PEGIDA fernzubleiben. Diejenigen, die sich durch die von PEGIDA aufgeworfenen Themen angesprochen fühlten, wurden ohne Begründung in die rechte Ecke gestellt. Empörung ersetzte Argumentation. Das ist in Diskussionen unter Demokraten eigentlich nicht üblich. Auch fehlte eine selbstkritische Betrachtung der eigenen politischen Arbeit.

Im Januar 2015 besuchte der ehemalige SPD-Vorsitzende Sigmar Gabriel als „Privatperson" in Dresden eine Diskussionsrunde mit PEGIDA-Anhängern. Das wurde seitens der SPD heftig kritisiert: „Bloß nicht mit dem Bürger reden, das ist eine Schande!" Welche Arroganz offenbart eine solche Betrachtung? In jedem Strafprozess gilt der Angeklagte so lange für unschuldig, bis seine Schuld erwiesen ist. Hier sollte dasselbe gelten. Die Politik diffamierte jedoch grundsätzlich alle PEGIDA-Teilnehmer als rechtsextrem. Die allgemeine Unzufriedenheit wurde nicht wahrgenommen. Einer Auseinandersetzung über politische Positionen stellte man sich nicht. Allerdings radikalisierte sich PEGIDA im Lauf der Zeit. Einige Positionen aus der Anfangszeit übernahm nun die AfD.

Welche Lehre sollte die Politik ziehen? Sie muss im Sinne und Interesse des Bürgers handeln und ihm auch alternative Möglichkeiten aufzeigen. So könnte z. B. ein Bündnis von Nichtregierungsorganisationen wie Greenpeace, Oxfam, Transparency International, Pro Asyl politikfrustrierte Wähler ansprechen.

Ukraine-Politik

In der europäischen Ukraine-Politik zeigte sich die mangelnde Werteorientierung im Verhalten gegenüber der ehemaligen Ministerpräsidentin Tymoschenko, die

2011–14 auf Betreiben der Janukowytsch-Regierung wegen Amtsmissbrauchs im Gefängnis saß. Die Regierung war Russland treu und das passte nicht in die europäische Politik.

Tymoschenko war durch ihr Unternehmen EESU – Vereinigte Energiesysteme der Ukraine zu Reichtum gekommen. Glaubt man den Medien, soll sie mit dem russischen Staatsunternehmen Gazprom für die Ukraine unvorteilhafte Verträge zur Erdgaslieferung geschlossen haben. Ihren Aufstieg verdankte sie Pawlo Lasarenko, der wie Tymoschenko aus Dnipropetrowsk stammte und 1996/97 Ministerpräsident der Ukraine war.

Deutsche Politiker, darunter auch Kanzlerin Merkel, zeigten sich empört über die Inhaftierung von Tymoschenko. Sie flogen nach Kiew, um über die Freilassung der Politikerin zu verhandeln. Man sollte davon ausgehen, dass sich Politiker vorab informieren. Sie wussten sicherlich um ihre zwielichtige Vergangenheit. Umso unverständlicher ist, dass die Behandlung ihrer Rückenprobleme in der Berliner Charité zum Thema gemacht wurde.

Dass der im Februar 2014 in der sog. Maidan-Revolution gestürzte Präsidenten Janukowytsch zur internationalen Fahndung ausgeschrieben wurde, ist nachzuvollziehen. Warum aber Tymoschenko nicht genauso behandeln? Sie war genauso korrupt wie Janukowytsch. Trotzdem wurde sie hofiert. Dies geschah nur aus taktischen Gründen. Der Putin-Freund

Janukowytsch passte den Europa-Politikern nicht. Das Entsetzen der europäischen Politiker war gespielt.

Im Ukraine-Konflikt sollte man die innenpolitischen Probleme nicht unterschätzen. Die Oligarchen der Janukowytsch-Ära sind nicht verschwunden. Auch der Nachfolge Janukowytschs als Staatsoberhaupt, Petro Poroschenko, gehört als superreicher Schokoladenfabrikant zu ihnen. Wie er zu seinem Firmenimperium kam, weiß wohl keiner. Heute jedenfalls kämpft Poroschenko gegen die anderen Oligarchen. Die Unterstützung Poroschenkos und seiner Regierung durch den Westen gegen die Separatisten im Osten der Ukraine sind jedenfalls nicht über alle Zweifel erhaben.

Finanzpolitik

Kernfrage ist hier, ob unser Steuersystem so aufgestellt ist, dass der Staat seinen hoheitlichen Aufgaben nachkommen kann. Es ist klar, dass mehr Gerechtigkeit und Transparenz geschaffen werden muss, damit jeder seine Steuern selbst errechnen kann. Heute ist das Steuersystem für diejenigen, die sich einen guten Steuerberater leisten können, wesentlich vorteilhafter. Anzumerken ist, dass Gerechtigkeit ein Rahmen von Regeln ist, die die Gesellschaft festgelegt hat. Unsere Regeln bzw. Steuergesetze wurden von Banken- und Versicherungslobbys geschaffen. Das hat nichts mit Gerechtigkeit zu tun. Daher gibt es aufgrund der komplizierten Vorschriften in Deutschland auch keine Steuergerechtigkeit. Hochverdiener profitieren, Geringverdiener zahlen.

Die schwarze Null

Bundesfinanzminister Wolfgang Schäuble berichtet, die Bundeshaushalte für 2015, 2016 und 2017 seien mit einer „schwarzen Null" ausgeglichen. Er suggeriert, Deutschlands sei schuldenfrei. Tatsächlich bedeutet es, dass genauso viele Schulden gemacht wurden wie im Jahr davor. Die Steuereinnahmen decken die Staatsausgaben einschließlich der Finanzierung der bestehenden Schulden. Schuldenfrei sind wir aber nicht. Wenn man sich die Zusammensetzung der bestehenden Schulden und der Neuverschuldung ansieht, wird wohl jeder sehen, dass die Schulden der wesentlich größere Teil sind. Das, was Schäuble aufbläst, sind ca. 3 % Mehrschulden des Teils, der sowieso aufgenommen wird. Die Sanierung des Haushalts durch die Null-Zins-Politik der EZB wird auch verschwiegen. Das ist keine solide Informationspolitik, sondern eine Vernebelung von Tatsachen.

Die Konsequenz aus der Politik der „schwarzen Null" zeigt sich im Bericht zur Armutsentwicklung in Deutschland 2016. Nach Angaben des Paritätischen Wohlfahrtsverbandes waren 2014 57,6 % aller Erwerbslosen und 41,9 % aller Alleinerziehenden arm. Insgesamt sind 15,4 % der Bevölkerung arm, also ca. 12,5 Millionen Menschen in Deutschland. Inzwischen sind auch „reiche" Städte wie Hamburg und Düsseldorf von Armut betroffen. In Bremen ist fast jeder vierte Einwohner arm. [56] Als arm gilt jemand, dessen Einkommen weniger als 60 % des durchschnittlichen Einkommens beträgt. Das wäre bei einem Ein-Personen-Haushalt 892 €, bei einer Familie entsprechend mehr. 2014 waren zwischen 7,2 % (Bayern) und 33,2 % (Berlin) % aller Kinder unter 15 Jahren in Deutschland abhängig von Hartz IV. Jedes dritte Kind in Berlin hatte arbeitslose Eltern.[57]

Das Fatale ist, dass trotz nicht vorhandener Neuverschuldung uns die Zinsen bei der riesigen Schuldenlast erdrücken würden. Auch deshalb hat die EZB die Leitzinsen gegen null gesenkt. Kein europäisches Land wäre bei höheren Zinsen in der Lage, seine Schuldenlast zu bedienen oder sie sogar abzubauen. Schäuble lobt sich selbst, obwohl er nichts für die hochgelobte „schwarze Null" getan hat. Die ist lediglich den niedrigen Zinsen geschuldet. Der Bürger zahlt dafür die Zeche. Er erhält keine Zinsen für sein Erspartes und seine Altersvorsorge. Dabei forderte die Politik vor einigen Jahren noch, auch privat fürs Alter vorzusorgen.

Andererseits beflügelt die Niedrigzinspolitik den Konsum. Der Bürger gibt sein Geld lieber aus, anstatt es „umsonst" anzulegen. Rücklagen für die Rentenzeit werden nicht gebildet. Nachhaltig ist das nicht. Außerdem befinden sich die Steuereinnahmen auf einem Rekordniveau. Der Finanzminister kommt damit aber immer noch nicht aus. Diese Politik erschwert

Unternehmen und den Privathaushalten die Planung. Der Staat aber profitiert in vielerlei Hinsicht.

Euro-Rettung unter falschen Vorzeichen

„Scheitert der Euro, dann scheitert auch Europa", behauptete Bundeskanzlerin Merkel. Leider hat sie uns nie verraten, warum das so ist. Was genau scheitert? Und wann? Welche Folgen hat das? Scheitert der Zusammenhalt Europas? Kann Europa scheitern, obwohl Polen, Großbritannien, Schweden und Dänemark den Euro als Zahlungsmittel ablehnen und ihm eine eigene Währung vorziehen?

Tatsache ist, dass der Euro Europa spaltet. Das kann man in der aktuellen Finanzpolitik Griechenlands sehen. Man verlangt, dass Länder wie Lettland oder die Slowakei für Griechenland zahlen, obwohl diese Staaten deutlich ärmer als Griechenland sind. Wie kann man das den Wählern erklären?

In Griechenland gewann das Linksbündnis Syriza Anfang 2015 haushoch die Parlamentswahl. Die „Merkel'sche Kaputtsparpolitik" wurde abgewählt. Die EU hat Milliarden nach Griechenland geschickt und trotzdem hat das Land heute 40 % mehr Schulden. Wie kann das sein? Es ist ganz einfach. Das Geld ist über Griechenland zu den deutschen und französischen Banken „zurückgewandert". Die Banken haben ihr Geld innerhalb von zwei Jahren aus Griechenland abgezogen und waren aus dem Schneider. Deshalb wäre nach Meinung deutscher Politiker heute ein

Ausstieg Griechenlands aus dem Euroraum zu verkraften.

Andererseits haben in Griechenland wie in der Ukraine Oligarchen großen Einfluss auf die Politik – und das seit Jahrzehnten. So wurde die Elite des Landes von Steuerzahlungen befreit. Auch in vielen anderen Belangen erlangte sie manchen Vorteil. Die großen Parteien, die Neue Demokratie (ND) und die Sozialisten (Pasok), Schwesterparteien von CDU und SPD, haben diesen Betrug in Milliardenhöhe unterstützt. Wie blind und ignorant waren die deutschen und europäischen Politiker, als sie Griechenland in die Europäische Währungsunion aufnahmen? Und warum wurde so viel Geld nach dem Kollaps der Finanzwelt im Jahr 2008 nach Griechenland geschickt? Unsere Politiker wussten genau, wohin das Geld geht. Großbanken haben durch Spekulationsgeschäfte erst enorm profitiert und eine Blase geschaffen, die dann platzte. Die Euro-Staaten sind mit unseren Steuergeldern eingesprungen. Im Grunde waren die Griechenland-Hilfen ein gigantisches Bankenrettungsprogramm. Etwa ein Drittel der „Rettungsgelder" gingen an deutsche und französische Banken und Versicherungen und ein weiteres Drittel an die griechischen Oligarchen. Das andere Drittel wurde vom Staat verwendet, um das öffentliche Leben und das staatliche Versorgungssystem aufrecht zu erhalten. Griechische Bürger erhielten nichts.

Banken lügen und betrügen, werden aber von der Politik hofiert. Wie sehr sie Handlanger der Finanzwirtschaft ist, lässt sich an der Griechenland-Krise sehr gut sehen. In Griechenland wird genauso von unten nach oben verteilt wie in unserer Republik. Daher ist nicht verwunderlich, dass die Griechen Kanzlerin Merkel verwünschten, diktierte sie doch aus sicherer Entfernung den Griechen die Bedingungen. Kein Politiker, auch nicht die EZB, der IWF oder die Eurogruppe, haben Griechenland Reformauflagen zur gerechteren Verteilung der Lasten gemacht, bevor Kredite gegeben wurden. Sie sind an „richtigen" Reformen nicht interessiert. Dafür verlangten die europäischen und internationalen Geldgeber, dass in Griechenland Renten und Gehälter gekürzt und Krankenhäuser geschlossen werden.

Deutschland verdient 160 Mrd. € mit Exporten nach Griechenland. Und weitere 30 Mrd. € mit den Zinsen, die Griechenland zahlen muss. Es ist aber eine Illusion, dass Griechenland seine Kredite zurückzahlen kann. In den Büchern des deutschen Finanzministeriums sieht es heute erst mal gut aus.

Der Euro selbst ist ein rein politisch motiviertes Unternehmen, das so nicht funktionieren kann. Zwischen den Euroländern, beispielsweise zwischen Griechenland und Deutschland, besteht ein so großer wirtschaftlicher Unterschied, dass eine Währungsunion von vorherein zum Scheitern verurteilt war. Kann Griechenland einer starken Wirtschaftskraft wie

Deutschland entgegentreten? Sicherlich nicht. Genauso andere südeuropäische Staaten. Griechenland hatte 2006 Schulden in Höhe von 225 Mrd. €. Mit den Programmen von EZB und IWF waren daraus 2013 rund 319 Mrd. € geworden. Die Experten vom IWF haben einen Rückgang der griechischen Wirtschaftsleistung von 5,5 % vorausgesagt, tatsächlich waren es 17 %.

Umverteilung

Überall in Europa wird im großen Stil von unten nach oben umverteilt. Durch Programme wie die „Agenda 2010" wird Lohndumping betrieben. Das wiederum führt hier zu Rekordexportüberschüssen und zur Überschuldung in anderen Euroländern. Dort steigt die Arbeitslosigkeit und der Konsum sinkt dramatisch. So werden Volkswirtschaften systematisch „kaputtgespart" und vernichtet.

In Griechenland wurden die staatlichen Ausgaben dermaßen zusammengestrichen, dass die Strukturen des öffentlichen Lebens zusammenbrachen. Krankenversorgung? Nein, selbst Krebs wird nur noch im Endstadium behandelt. Mit einer akzeptablen Gesundheitsversorgung und einem funktionierenden Arbeitsmarkt wären Defizite entstanden. Welche verquere Denkweise!

In Deutschland ist es aber nicht viel anders. Nur dass Deutschland noch nicht so heruntergekommen ist wie Griechenland. Dafür haben wir Minijobs und „Aufstocker". Die Arbeitnehmer in solchen Jobs werden über kurz oder lang aufgeben und lieber Hartz-IV beanspruchen. Die Gesamtausgaben für Sozialleistungen werden in Deutschland also deutlich steigen, sodass sie zwangsläufig gekürzt werden müssen. Und schon sind wir wieder bei dem „kleinen Mann" aus Griechenland! Viele Deutschen werden genauso mittellos und verarmt dastehen wie heute das griechische Fußvolk. Es dauert nur etwas länger. Auch wird Altersarmut weitere Sozialfälle schaffen. Ein Normalverdiener wird mit seiner Rente nicht mehr auskommen, Arbeitnehmer aus dem Niedriglohnbereich erst recht nicht. Und denjenigen, die heute noch ein gutes Auskommen haben, wird mit der Niedrigzinspolitik die Rente gestohlen. Profitieren werden nur die Vermögenden. Mehr dazu im Kapitel „Rente".

Fehler vertuschen

Die EZB muss die Fehler ausbügeln, die europäische Spitzenpolitiker ihr eingebrockt haben. Man entsandte die „Troika" oder „Die Institution". Das ist eine Führungsspitze aus drei Organisationen – ursprünglich wurde damit ein Gespann aus drei Zugtieren bezeichnet. Wohin die „Troika" Griechenland gezogen hat, ist offensichtlich: Die Banken haben ihr Schäfchen im Trockenen und der griechische Bürger muss richtig bluten. Man hätte Griechenland sicherlich vernünftige Auflagen machen können: Wie soll europäisches Geld eingesetzt werden? Wie soll Korruption bekämpft werden? Wie sollen Steuern eingetrieben werden?

Stattdessen kommt es zu undurchsichtigen Machtspielen: Im Juni 2015 z. B. wurde eine Rate, die Griechenland an den IWF zahlen muss, fällig. Der griechische Ministerpräsident Alexis Tsipras spielte auf Zeit und führte die europäischen Politiker vor. Jede Seite behauptete, der Gegenseite entgegengekommen zu sein. Die Kanzlerin sagte, der griechischen Regierung immer wieder Zugeständnisse gemacht zu haben. Wenn das richtig ist, stellt sich die Frage, warum. Eigentlich war die europäische Politik im Schwitzkasten der Griechen. Sie wussten, dass die europäischen Politiker ihre Inaktivität und ihr Versagen beim Eintritt Griechenlands in die Währungsunion vertuschen mussten. Griechenland wurde auch mit Krediten versorgt, die nicht zur Wirtschaftsleistung passten, und die Politik tolerierte, dass die Banken ordentlich verdienten. Außerdem wurden während der globalen Finanzkrise verheerende Fehler seitens der Politik gemacht. Diese galt es ebenfalls zu vertuschen. Eine schnelle Lösung musste her, um das Vertrauen in die europäische Politik nicht zu erschüttern. Gerade die deutschen Politiker wollten Griechenland im Euroraum halten. Nur dann würde die deutsche Rüstungsindustrie noch „hartes" Geld für ihre Lieferungen an den aufgeblasenen griechischen Militärsektor erhalten.

Vorbilder, die keine sind

Wie haltlos die europäische Finanzpolitik ist, zeigt der Verweis der Politik auf die angeblichen Vorbilder Spanien, Portugal und Irland. Diese Länder haben sich bis zum Ausbruch der Finanzkrise hoch verschuldet. Irland hat als Steueroase für Microsoft, Google und Starbucks für sich geworben. Die Politiker, die Irland loben, sollten sich vor Augen führen, dass Irland seine Schulden seit 2008 fast verdreifacht hat. Was gibt es da zu loben?

Staatsschulden

In der Tabelle sind die Staatsschulden Anfang 2016 aufgeführt[58].

Land	2008 (Mrd. €)	BIP - Anteil	2015 (Mrd. €)	BIP -Anteil
Griechenland	264,6	109,30%	311,5	177,00%
Spanien	439,8	39,40%	1072,2	99,20%
Portugal	128,2	71,70%	231,3	129,00%
Irland	79,6	42,60%	201,4	93,80%
Deutschland	1660,2	64,90%	2152,9	71,20%

Vergleich Staatsschulden 2008 und 2015

Vor dem dritten Hilfspaket für Griechenland im Juli 2015 wurde vom IWF prophezeit, dass die Schuldenquote des Landes auf 200 % steigt.

Deutschland steht vergleichsweise gut da, ist aber dennoch hoch verschuldet. Falls die Exporte und der Konsum im Inland zurückgehen und dadurch das BIP sinkt, steigt die Quote sehr schnell in einen kritischen Bereich. Dazu kommen aber Zinszahlungen für vergangene Schulden, die die Last weiter wachsen lassen, ohne dass ein wirtschaftlicher Mehrwert entsteht. Einen „Mehrwert" kassiert lediglich die Finanzwirtschaft, der Bürger zahlt drauf.

Deutschland ist weit vorn auf der am höchsten verschuldeten Staaten in Europa. Auch weist Deutschland seit 2012 die höchste absolute Verschuldung auf. Mit 2152 Mrd. € im Jahr 2015 liegen wir gleichauf mit Italien. Das funktioniert nur, weil wir als starke Wirtschaftsmacht kreditwürdig sind. Was passiert aber, wenn die Wirtschaftsleistung sinkt und wir in einen Verschuldungsstrudel geraten. Dann sitzen wir vielleicht in zehn Jahren auf der Anklagebank und Griechenland richtet über uns.

Die Tabelle zu den Staatsschulden zeigt, dass die Behauptungen der Politik, die drei „Euro-Musterländer" hätten ihre Hausaufgaben gemacht und Griechenland solle sich ein Beispiel daran nehmen, unwahr sind.

Geld drucken, Schulden machen

Die Geldpolitik selbst ist fragwürdig. Auf der Homepage der Deutschen Bundesbank ist unter der Überschrift „Warum ist eine Staatsfinanzierung durch Gelddrucken verboten?" Folgendes zu lesen: „Die Bundesbank und die Europäische Zentralbank (EZB) haben den klaren gesetzlichen Auftrag, Geldwertstabilität zu sichern. Würden die Notenbanken Geld drucken, um damit die Haushalte von Krisenstaaten zu finanzieren, könnte sie diesen Auftrag langfristig nicht erfüllen. Denn auf längere Sicht führt eine solche Staatsfinanzierung über die Notenpresse zu einer höheren Inflation – dies lehren die historischen Erfahrungen Deutschlands und vieler anderer Länder. Käme es zu einer solchen monetären Staatsfinanzierung in der Eurozone, geriete der Euro als stabile Währung unweigerlich in Gefahr. Genau aus diesem Grund hat man die monetäre Staatsfinanzierung in den EU-Verträgen verboten. Die Ankäufe des Eurosystems von Staatsanleihen am sogenannten Sekundärmarkt sind hingegen – anders als Ankäufe am Primärmarkt – nach den EZB-Statuten erlaubt. Allerdings wurde mit diesen Ankäufen das Mandat der Geldpolitik erheblich gedehnt und die Grenze zur Finanzpolitik verwischt."[59]

Geld drucken und Ankäufe von Staatsanleihen zur Unterstützung von Pleitestaaten sind wirtschaftlich dasselbe. Ob Euro-Banknoten gedruckt werden oder ob Papiere ausgegeben werden, auf denen geschrieben ist, dass die Pleitestaaten der EZB 500 Mrd. € schulden, ist egal. Die Regeln für die Anleiheankäufe, die nach EZB-Statuten erlaubt ist, sind ein Indiz, dass die verantwortlichen Finanzpolitiker und Zentralbanker kaum noch zu stoppen sind. Das ist eine gefährliche Situation, denn wenn das Kind in den Brunnen gefallen ist, zahlt der Bürger! Es ist auch davon auszugehen, dass keiner, der diese Politik zu verantworten hat, zur Rechenschaft gezogen wird.

Die EZB schneidet sich mit ihrer Niedrigzinspolitik auch ins eigene Fleisch: Ihr Gewinn ist Ende 2014 von 1,440 Mrd. € auf 990 Mio. € aufgrund fehlender Zinseinnahmen gesunken. Das ist besonders fatal, wenn man weiß, dass die EZB im Grunde selbst pleite ist. Die EZB hat ein Eigenkapital von 10.825.007.069,61 €.[60] Ihre Verbindlichkeiten werden als „Wertpapiere für geldpolitische Zwecke“ ausgewiesen. Das sind Schulden. Am 8.5.2015 hatte die EZB Papiere im Wert von 535.300.000.000 € in ihrem Portfolio[61], also das 49,42-Fache ihres Eigenkapitals. „Lehmann Brothers“ hatte es nur auf den 30-fachen Betrag gebracht. Dennoch wirft die EZB den Pleitebanken und Pleitestaaten das Geld hinterher.

Ein Schuldenschnitt aber kann auch keine Lösung sein. Wenn z. B. Griechenland die Hälfte der Schulden erlassen würde, stünde das Land besser da als Tschechien, Irland, Italien oder Frankreich. Sofort würden sich die deutschen und französischen Banken wieder in die Schlange einreihen, um den Griechen Geld zu leihen. Dann würden die Banken wieder mit unseren Steuergeldern „gerettet“. Und alles geht wieder von vorne los.

Mogelpackung „Weiter so“

Unsere Politiker verstehen nicht oder wollen nicht verstehen, dass die „Rettungspolitik“ gründlich misslungen ist. Und dennoch wird immer wieder, wie im Juli 2015, der gleiche Fehler gemacht, von deutschen Politikern maßgeblich gefördert. Wieder werden Milliarden nach Griechenland geschickt, obwohl man weiß, dass damit nur teuer Zeit erkauft wird. Die bewilligten 86 Mrd. € wurden zur Tilgung der Schulden beim IWF und der EZB verwendet – linke Tasche, rechte Tasche. Der griechische Bürger sieht keinen Cent. Es grenzt an Irrsinn, wenn immer wieder neue Schulden gemacht werden, um bestehende zu verringern. Mittel- und langfristig vergehen wir uns damit an den nachfolgenden Generationen. Das „Weiter so" wird seit der Einführung des Euro praktiziert. Jede Möglichkeit, einen Austritt aus der Währungsunion einzuleiten, wird vertan und ad acta gelegt. Man ignoriert beharrlich, dass eine geordnete Insolvenz für Griechenland die beste Lösung ist. Stattdessen wird schlechtem Geld jede Menge gutes Geld hinterhergeworfen. Warum geschieht das?

1. Politiker wollen nicht ihr Gesicht verlieren und lassen sich stattdessen als Retter feiern.

2. Kanzlerin Merkel möchte nicht als Totengräber des Euro in die Geschichte eingehen.

3. Würde Griechenland Pleite gehen, müsste der Bundesfinanzminister den deutschen Teil der gewährten Kredite und Bürgschaften als Verluste deklarieren. Das würde die „schwarzen Null" rot werden lassen.

Die europäischen Politiker versuchen zu duschen, ohne nass zu werden. Sie sträuben sich gegen eine nachhaltige Lösung für Griechenland.

Der im dritten Hilfspaket geforderte Fonds für Privatisierungen war ebenfalls eine Mogelpackung. Mit dem Verkauf von See- und Flughäfen sollten 50 Mrd. € erwirtschaftet werden. Der damals amtierende Ministerpräsident Papandreou scheiterte 2011 mit einem ähnlichen Vorhaben. Gerade einmal 6 Mrd. € hatte es ihm eingebracht. Allenfalls waren Privatisierungen in der Größenordnung von 3–4 Mrd. € realistisch. Griechenland wurde gezwungen, sein Tafelsilber zu verschleudern. Offensichtlich wurde ignoriert, dass die Schuldentragfähigkeit Griechenlands laut IWF nicht mehr gegeben ist. Deshalb beteiligte sich der IWF zu dieser Zeit auch nicht am dritten Rettungspaket für Griechenland.

Generell muss man feststellen, dass Europa keine gemeinsame Finanzpolitik will. Aus diesem Grund wird sich die Lage des Euro auch nicht verbessern. Die nächste Krise steht schon vor der Tür. Und die EZB entscheidet sich für die nächste Zinssenkung mit dem nützlichen Nebeneffekt, dass sich die Staaten auf Kosten ihrer Bürger entschulden und die Geschäftsbanken sich günstig Geld von der Notenbank leihen können. Ein geniales Geschäftsmodell und ein Garant für bombensichere Gewinne. Eine klassische Win-win-Situation – zum Nachteil des Bürgers.

Bankenrettung

Wir haben bereits festgestellt, dass sich unsere Politiker zwar vom Bürger wählen lassen, sich dann aber vorwiegend für die Wirtschaft einsetzen. Im Fall Griechenlands wurde eine Sozialisierung von Bankenschulden in gigantischem Ausmaß betrieben. Das funktionierte so:

Durch den Beitritt von wirtschaftlich schwachen Staaten zur Europäischen Wirtschafts- und Währungsunion verbesserte sich deren Bonität wesentlich. Die neuen Mitgliedsstaaten erhielten billige Kredite. Es folgten Investitionen, besonders in der Baubranche, in der Hoffnung, dass die Preise kräftig steigen. Die Immobilien waren aber in dieser Menge überflüssig und deshalb unrentabel. Die Investoren konnten ihre Kredite nicht mehr bedienen, sodass die Banken in die Pleite zu rutschen drohten. In Irland wurde z. B. auf Druck der Europäischen Zentralbank (EZB) der Regierung auferlegt, die Schulden der sechs größten irischen Banken zu übernehmen. Ansonsten würde durch Kapitalabzug die irische Wirtschaft kollabieren. So zwang die EZB einen souveränen Rechtsstaat zu illegalen Handlungen. In Irland konnten sich alle großen Gläubiger freikaufen. Sie verloren nicht einen Cent. Privatanleger müssen ihr Erspartes vor Gericht erstreiten und sehen wahrscheinlich nur einen Bruchteil davon wieder. 50 % der Verbindlichkeiten konnten deutschen und französischen Banken zugeordnet werden. Das Geld wurde noch am gleichen Tag wieder nach Deutschland überwiesen und die deutschen Banken konnten sich aus der Staatskasse bedienen. Unsere Politiker erklärten uns, dass wir Irland gerettet haben, und suggerieren uns die Rettung des irischen Steuerzahlers.

Die Politik lässt uns über die Verwendung der Hilfsgelder und deren Nutznießer im Unklaren. Alle sechs irischen Großbanken erhielten 70 Mrd. €, die sogenannten Bondholder wurden von der irischen Regierung ausgezahlt. Wer das ist, wurde nicht verraten, den Investoren wurde Anonymität zugesichert. Das ist einer Demokratie nicht würdig.

Auch in Deutschland wurden auf Staatskosten Banken gerettet. Wer die Empfänger der Gelder sind, musste nicht bekannt gemacht werden. Betriebsgeheimnis. Wir bürgen also mit Milliarden und haben kein Recht zu erfahren, wohin das Geld fließt! Es ist unbestritten, dass Betriebsgeheimnisse nicht in die Öffentlichkeit gehören. Solche Schulden sind aber durch eine falsche Unternehmensstrategie entstanden, sie sind eine privatwirtschaftliche Angelegenheit und deshalb auch nicht von der Öffentlichkeit zu tragen. Der Gipfel: Unsere Politiker haben die deutschen Banken nicht einmal aufgefordert, wenigstens einen Teil der Schulden selbst zu tragen. Auch wird immer wieder behauptet, dass Irland auf einem guten und richtigen Weg sei. Tatsache ist aber, dass jeder Ire pro Tag 300 € Schulden zurückzahlen muss. [62] Seit den Tagen der Bankenrettung ist der Lebensstandard in

Irland um 25 % gefallen. Irland ist also kein Beispiel für ein geglücktes Krisenmanagement.

Die Banken streichen Gewinne in guten Zeiten ein, ihre Verluste trägt dann der europäische Steuerzahler. „To big to fail" heißt das Zauberwort der Politik: Geht die entsprechende Bank Pleite, bricht das Finanzsystem zusammen. Diese Behauptung ist falsch und wurde noch von keinem deutschen oder europäischen Politiker bewiesen. Welche anderen Banken würden zusammenbrechen? Wie hoch sind die Verluste? Mit welchen Folgen muss die deutsche Volkswirtschaft rechnen? Die Politik ist nicht in der Lage oder willens, Antworten zu geben. Stattdessen wird der Bevölkerung Angst gemacht.

Die angebliche „Systemrelevanz" der Banken macht den deutschen Staat erpressbar und stellt die Demokratie auf den Kopf. Jeder Bürger und jedes mittelständische Unternehmen, sogar Großunternehmen wie die Baufirma Philipp Holzmann, müssen, wenn sie zahlungsunfähig sind, Insolvenz anmelden. Für Großbanken gilt dies offenbar nicht. Wenn konkrete Zahlen und realistische Szenarien vorgelegt würden, wären alle schlauer und könnten überlegt reagieren. Angst – vor dem Zusammenbruch des Finanzsystems – ist kein guter Ratgeber. Wird sie auch zum Gesetz und in Rettungspakete gegossen, dann erweist sich Politik selbst einen Bärendienst. Sie ist erpressbar geworden.

Als abschreckendes Beispiel können auch einige spanische Banken dienen. 2012 wurde bekannt, dass dort Bilanzen in den Führungsetagen gefälscht wurden. Das nahm sich das Filialpersonal zum Vorbild. Da das Salär der Mitarbeiter zum großen Teil als erfolgsabhängige Provision ausgezahlt wird, wurden auch diese Zahlen gefälscht. Die Geschäftsführungen machten sich ein falsches Bild von der finanziellen Situation. Öffentliche Prüfer spielten das Spiel mit. So gerieten einige Banken in Schieflage. Wenn die spanischen Politiker die Pleite nicht verhindert hätten, wäre auch bekannt geworden, welche Summen an die politischen Parteien und an regierungsfreundlichen Unternehmen geflossen wären. Alles wurde vertuscht. Das Geld der Steuerzahler hat also nicht die Banken, sondern die kriminellen Strukturen gerettet.

„Systemrelevanz" wiegt die Banken in Sicherheit. Milliardenverluste fallen dann dem Steuerzahler vor die Füße. Die Politik packt „Rettungspakete" und feiert sich selbst. Als Alternative wird ein Schuldenerlass diskutiert, komplett oder teilweise, damit die Wirtschaft von überschuldeten Staaten wieder auf die Beine kommt. Sicher ist aber, dass Banken für ihre Schulden zu 100 % selbst verantwortlich sein müssen. So würde auch eine milliardenschwere Umverteilung von Arm zu Reich vermieden. Immer wieder muss der Politik die Frage gestellt werden, warum Investoren belohnt werden, obwohl sie bereits hohe Renditen aus ihren Hochrisikogeschäften eingestrichen haben? Auch muss die Verschleierung der Geldflüsse beendet werden und der Steuerzahler aufgeklärt werden, wofür genau sein Geld eingesetzt wird.

Familien-, Sozial- und Arbeitspolitik

Frauenquote

Seit Jahren diskutiert die deutsche Politik die Frauenquote. Es geht um eine bestimmte Anzahl von Frauen in den Aufsichtsräten der DAX-Konzerne. Das Ganze ist seit 2016 sanktionspflichtig. Das heißt, wenn ein DAX-Konzern ein neues Aussichtsratsmitglied verpflichtet, muss eine Frau eingestellt werden, solange der weibliche Anteil nicht 30 % beträgt. Unterlässt dies der Konzern, muss er zahlen. Um zu verstehen, wie wichtig dieses Thema für den Normalsterblichen ist, eine kurze Rechnung: Es gibt 30 DAX-Konzerne mit insgesamt 488 Aufsichtsräten in Deutschland. Von diesen 488 Aufsichtsräten sollen 30 % Frauen werden, also 146. Was ist mit den anderen 40 Millionen Frauen in Deutschland? Das Thema „Frauen in Aufsichtsräten" wirkt vor diesem Hintergrund grandios überzeichnet. Es geht ausschließlich um Spitzenverdiener. Wer kümmert sich um die vielen alleinerziehenden Frauen in Deutschland, die nicht mehr wissen, wie sie ihre Stromrechnung zahlen sollen? Diese Frauen und Mütter müssen sehen, wie sie zurechtkommen. Sie sind den Schikanen von Sozialämtern und der Gängelei der Arbeitsagenturen ausgesetzt. Dieser Sachverhalt und die Frauenquote für

Aufsichtsräte stehen in einem erheblichen Missverhältnis. Es zeigt sich wieder: Für Gutverdienende wird ein eigenes Gesetz gemacht. Mittellose müssen sehen, wo sie bleiben. Dabei erziehen Letztere einen maßgeblichen Teil unserer Zukunft. Spitzenverdienerinnen haben oft keine Kinder.

Arbeitslosigkeit

Die Berechnung der Arbeitslosenquote erfolgt getreu nach dem Motto „Traue nur der von dir selbst gefälschten Statistik". Sie enthält nicht die verdeckte und versteckte Arbeitslosigkeit. Die **verdeckte Arbeitslosigkeit** schließt alle Personen ein, die sich nicht arbeitslos melden. Gründe dafür können sein, dass der Übergang von einer Tätigkeit zu einer anderen Tätigkeit selbst bewältigt wird, Hausfrauen sich nach der Geburt eines Kindes nicht arbeitslos melden oder die Person illegal in Deutschland lebt. Nimmt ein Erwerbsloser an einer Maßnahme der Arbeitsagentur teil, wird er nicht in der Arbeitslosenquote berücksichtigt. Das können Fortbildungsmaßnahmen oder Ein-Euro-Jobs sein, oder Personen, die nach §§ 33–43 SGB IX am Arbeitsleben teilnehmen. Dabei regelt das Sozialgesetzbuch die Unterstützung behinderter Menschen für ein sozialversicherungspflichtiges Arbeitsverhältnis vorzubereiten und zu qualifizieren. Weiterhin gelten Personen, die Frührentner im Sinne von § 428 SGB III sind oder die von privaten Vermittlern, meist durch die

Arbeitsagentur beauftragt, betreut werden, nicht als arbeitslos.

Eine andere Gruppe, die als **stille Reserve** bezeichnet wird, sind Personen, die die Kriterien der Verfügbarkeit nicht erfüllen, aber eine bezahlte Tätigkeit suchen. Dazu gehören Hausfrauen, Rentner, die ihre Rente aufbessern wollen, Erwerbslose, die sich wegen zu geringer Chancen auf einen Arbeitsplatz aus der Vermittlung zurückgezogen haben oder Studenten oder Schüler, die einen Nebenjob suchen. Dasselbe gilt für Erwerbstätige, die sich durch die Agentur mittels Gründungszuschuss oder Einstiegsgeld eine finanziell geförderte selbstständige Existenz aufbauen wollen, als auch für Empfänger von Arbeitslosengeld II nach § 428 SGB III („58-er Regelung").

Auf diese Weise wird die offizielle Arbeitslosenquote gesteuert, sodass Deutschland im europäischen Vergleich gut dasteht. Das subjektive Empfinden vieler Bürger, es gehe ihnen nicht so gut, wie die Zahlen vorgeben, erklärt sich hierdurch.

Arbeitslos ist, wer weniger als 15 Stunden pro Woche arbeitet und jünger als 65 Jahre alt ist. Die Registrierung der Arbeitslosen obliegt der Bundesagentur für Arbeit. Definition und Einstufung nimmt allerdings das Bundesministerium für Arbeit und Soziales vor. Vor den Arbeitsmarktreformen der rot-grünen Bundesregierung wurde noch anders gerechnet; die Unterbeschäftigung floss in die Berechnung der Arbeitslosenquote ein. Dadurch sind die Zahlen vor und nach der Änderung nicht mehr miteinander vergleichbar.

Nach der Definition der Bundesagentur für Arbeit und Soziales sind folgende Personengruppen unterbeschäftigt:

- Arbeitslose nach § 16 SGB III,

- Teilnehmer an bestimmten Maßnahmen der Arbeitsmarktpolitik,

- Personen mit Sonderstatus.

Arbeitslose nach § 16 SGB III sind vorübergehend arbeitslos, suchen eine versicherungspflichtige Beschäftigung und sind arbeitslos gemeldet. Sonderstatus haben:

- Arbeitslose über 58 Jahren, die entweder seit mehr als einem Jahr kein Jobangebot mehr erhalten haben oder durch auslaufende vorruhestandsähnliche Regelungen Arbeitslosengeld bzw. Hartz IV-Leistungen unter erleichterten Bedingungen beziehen,

- Arbeitslose, die externe Arbeitsvermittler in Anspruch nehmen,

- Arbeitslose, die am Tag der Erfassung krankgeschrieben waren,

- Personen in Kurzarbeit, Altersteilzeit und geförderter Selbstständigkeit.[63]

**Arbeitslosigkeit und Unterbeschäftigung
September 2013[64]**

Registrierte Arbeitslose
+ Teilnehmer an Maßnahmen zur Aktivierung und beruflichen
Eingliederung
+ Sonderregelungen für Ältere (§ 53a Abs. 2 SGB II)
= Arbeitslosigkeit im weiteren Sinne
+ Sonderregelungen für Ältere (§ 428 SGB III /
§ 65 Abs. 4 SGB II / § 252 Abs. 8 SGB VI)
+ kurzfristige Arbeitsunfähigkeit
+ berufliche Weiterbildung inkl. Förderung behinderter
Menschen
+ Arbeitsgelegenheiten
+ Bürgerarbeit
+ Förderung von Arbeitsverhältnissen
+ Beschäftigungszuschuss
+ Fremdförderung
= Unterbeschäftigung im engeren Sinne
+ Gründungszuschuss und Einstiegsgeld (Variante
Selbstständigkeit)
+ Altersteilzeit
+ Kurzarbeiter (Beschäftigtenäquivalent)
= Unterbeschäftigung (einschließlich Kurzarbeit)

Zur Unterbeschäftigung zählen also Arbeitslose, die vorübergehend nicht arbeitsfähig sind oder in Fördermaßnahmen sind oder auch 450-€-Jobber.

Die Arbeitslosenquote hat sich in den letzten 15 Jahren so entwickelt:[65]

Durchschnittliche Arbeitslosenquote (%)								
'00	'01	'02	'03	'04	'05	'06	'07	'08
9,6	9,4	9,8	10,5	10,5	11,7	10,8	9,0	7,8

'09	'10	'11	'12	'13	'14	'15	'16
8,1	7,7	7,1	6,8	6,9	6,7	6,4	6,1

Offizielle Arbeitslosenquote

Mit der Einführung von Hartz IV zum 1.1.2005 wurde die Unterbeschäftigung aus der Berechnung der Arbeitslosenquote herausgenommen. Ohne diese Bereinigung wären die Quoten heute etwa auf dem Niveau von 2001:[66]

Durchschnittliche Arbeitslosenquote mit Berücks. der Unterbeschäftigung (%)								
'00	'01	'02	'03	'04	'05	'06	'07	'08
9,6	9,4	9,8	10,5	10,5	15,7	14,5	12,1	10,5

'09	'10	'11	'12	'13	'14	'15	'16
10,9	10,3	9,5	9,1	9,2	8,8	8,4	---

Tatsächliche Arbeitslosenquote

Die Politik vergleicht also Äpfel mit Birnen. Ein weiterer Faktor, der die Statistik trügerisch erscheinen lässt: Hartz IV hat den Niedriglohnsektor und die geringfügige Beschäftigung explodieren lassen. Würde die Arbeitslosenquote nach den früheren Kriterien berechnet, wäre sie gleich oder höher wie in den Jahren vor der Änderung. Fazit: Uns werden Verhältnisse vorgegaukelt, die es gar nicht gibt.

Flüchtlingspolitik

Gründe für die Flüchtlingswellen, die sich zurzeit zu Völkerwanderungen entwickeln, sind im Kapitel „Kriege schaffen" beschrieben. Im ersten Quartal 2015 sind ca. 700–900 Flüchtlinge aus Nordafrika auf ihrer lebensgefährlichen Überfahrt im Mittelmeer ums Leben gekommen. Wie viele seit dem Ende der italienischen Seenotrettung „Mare Nostrum" gestorben sind, weiß niemand. 2013 hatte sich Italien aufgrund der Flüchtlingskatastrophe zu „Mare Nostrum" entschlossen und sie bis zum Herbst 2014 auf eigene Kosten, immerhin rund 10 Mio. € monatlich, bis zur Nordküste Afrikas ausgedehnt. Die EU und besonders Deutschland haben das Ende dieser Initiative durchgesetzt. Der deutsche Innenminister de Maizière war der Auffassung, „Mare Nostrum" sei Beihilfe zum Schlepperwesen. Umgekehrt wird ein Schuh daraus: Gerade die Abschottungspolitik Europas und die Ausbeutung der meist afrikanischen Heimatländer begünstigte das Schlepperwesen. Der wahre Grund der Abschaffung von Mare Nostrum liegt woanders: Man wollte offensichtlich keine Mittel für die Betreuung der Flüchtlinge im eigenen Land zur Verfügung stellen. Diese Frage wurde deshalb zu einem Riesenproblem aufgeblasen und als nahezu unlösbarem Problem dargestellt.

Mit dem zurzeit von der EU-Grenzschutzbehörde Frontex durchgeführten Grenzüberwachungsprogramm „Triton" sind die Kosten auf 2,9 Mio. € monatlich geschrumpft. Aufgabe der Mission ist nicht mehr die Rettung in Seenot geratener Flüchtlinge, sondern die Sicherung europäischer Grenzen bis zu 30 Seemeilen vor den europäischen Küsten. „Mare Nostrum", das am 20.4.2015 auslief, hatte rund 150.000 Flüchtlingen das Leben gerettet, durchschnittlich 400 pro Tag. Sein Aktionsraum reichte bis vor die Küste Libyens. 2014 sind wahrscheinlich 3500 Menschen und bis April 2015 noch einmal mindestens 1600 ertrunken.[67] Ob „Triton", der Name eines Meeresgottes aus der griechischen Mythologie, passend ist, darf man bezweifeln. Die griechische Mythologie beschäftigt sich mit den Göttern und Helden des antiken Griechenland. Göttlich oder heldenhaft hat sich die EU bei ihrer Entscheidung trotz Nachbesserung der Mission nicht verhalten. Die Zahl der im Mittelmeer ertrunkenen Flüchtlinge soll sich für 2016 bei 5000 Personen belaufen.

Das EU-Recht, die sog. Drittstaatenregelung nach dem Dublin-Abkommen, schreibt vor, dass ein Flüchtling im EU-Ankunftsland seinen Asylantrag stellen muss. Aufgrund ihrer geografischen Lage sind Italien und Griechenland daher besonders gefordert.

Sie wurden dem Problem nicht Herr und winkten daher viele Flüchtlinge Richtung Norden durch.

Die Dublin-Regeln sind daher obsolet, als Alibi werden sie aber aufrechterhalten. So kann sich Deutschland weiterhin aus der Verantwortung ziehen. Wen wundert es daher, dass andere die meisten EU-Länder die Initiative Deutschlands, Flüchtlinge „gerechter" zu verteilen, nicht unterstützen?

Das Spiel mit Zahlen

Nach Deutschland kamen 2015 nach einer Schätzung von einstigen Wirtschaftsminister Gabriel etwa 1.000.000 Flüchtlinge. Inzwischen wurde eine Zahl von 800.000 angegeben. Genaue Angaben sind nicht verfügbar, da ein Teil der Eingereisten sich nicht registrieren ließ. 800.000 wären 1 % der Bevölkerung. Zum Vergleich: Libanon hat 4,4 Millionen Einwohner und 1,1 Millionen syrische Flüchtlinge aufgenommen. Das sind 25 % der eigenen Bevölkerung. Dieser Größenvergleich spricht fürs sich, von einer „Flüchtlingsschwemme" kann im Fall Deutschlands also keine Rede sein!

Selbstverständlich entstehen für die Versorgung Kosten, laut Pro Asyl 2012 in Thüringen im Durchschnitt jährlich 7063 € pro Asylbewerber. Wenn man großzügig rechnet und heute 10.000 € pro Asylbewerber ansetzt, könnten für 500 Mio. € rund 50.000 Flüchtlinge pro Jahr versorgt werden. Diese Summe entspricht der rüstungspolitischen Fehlinvestition „Drohne". Widersinnig ist auch, dass die Asylbewerber aufgrund ihres ungeklärten Aufenthaltstatus keine Chance auf eine Ausbildung haben. Sie sind dazu verdammt, ihre Zeit totzuschlagen. Eine Ausbildung würde auch ihrem Heimatland helfen, sollten sie zurückkehren. Auf der anderen Seite wird in Deutschland gestöhnt, dass Fachkräfte fehlen.

Die Politik führt uns in die Irre, wenn sie die Aufnahmebereitschaft folgendermaßen beschreibt: Von 2006 bis 2014 hat sich die Zahl der Asylbewerber in der EU von 200.000 auf 627.000 pro Jahr erhöht. Zwei Drittel aller Asylanträge wurden in Deutschland, Schweden, Frankreich und Italien gestellt. 2014 kamen also rund 200.000 Flüchtlinge nach Deutschland. Das seien, so wurde behauptet, außerordentlich viele. Der CDU-Politiker Bosbach beschrieb das so: Deutschland und Schweden hätten fast die Hälfte aller Flüchtlinge in der EU aufgenommen, Deutschland allein zwei Drittel aller Flüchtlinge aus Syrien.

Das ist eine Mogelpackung: Wir haben nicht zwei Drittel *aller* Syrien-Flüchtlinge aufgenommen, sondern nur zwei Drittel, die nicht in die Nachbarstaaten geflohen sind. Im Vergleich mit Libanon, Jordanien, der Türkei und Iran verausgabt sich Deutschland also nicht. Deutschland hat seit Beginn des Syrien-Krieges bis Ende 2014 etwa 70.000 Syrer aufgenommen. Die Zahlen sehen außerdem ganz anders aus, wenn man sich an der Einwohnerzahl und der Wirtschaftsleistung orientiert. Danach hat Deutschland pro 1000 Einwohner 2,5 Flüchtlinge aufgenommen, Malta 3,2 und Schweden 8,4. Die Wirtschaftsleistung ist dabei gar nicht berücksichtigt.

Flüchtlings- und Einwohnerzahlen (2016)[68]		
Land	Einwohner	Flüchtlinge
Libanon	6.237.738	1.100.000
Jordanien	8.185.384	664.100,00
Türkei	80.274.604	2.5000.000
Iran	82.801.633	979.400
Deutschland	80.722.792	800.000

Verhältnis Aufnahme von Flüchtlingen/Einwohner

Ungeachtet der kleingeistigen politischen Diskussion über Zahlen muss man sich die Fluchtursachen genauer ansehen. Zunächst ist zu unterscheiden zwischen Menschen, die in ihrem Heimatland um ihr Leben fürchten, und denen, die neue Perspektiven suchen, also aus wirtschaftlichen Gründen ihr Land verlassen. Erstgenannte sind z. B. Syrer, die aufgrund des Krieges fliehen. Sie erhalten meist Asyl.

Um die Ironie der Flüchtlingsdiskussion zu beleuchten, muss man als Erstes die Auslöser der Kriege im Nahen Osten betrachten. Im Frühjahr 2011 begann in mehreren arabischen Ländern der sogenannte Arabische Frühling, eine Welle von Protesten der Bürger, die mit ihren Regierungen nicht mehr zufrieden waren. In Syrien schrieben 14 Schüler den Satz „Das Volk will den Sturz der Regierung" als Graffiti – und wurden von Assads Polizei verhaftet. Das löste

Bestürzung aus, die Syrer gingen auf die Straße. Mit brutaler Gewalt unterdrückte das Assad-Regime diese Proteste. Die Gewaltspirale drehte sich immer weiter, der Bürgerkrieg begann. Europa und die USA sahen als Zaungäste an der türkisch-syrischen Grenze tatenlos zu, wie friedliche Demonstranten von Assads Getreuen ermordet wurden und wie sich der IS formierte. Zumindest hätte man für die Sperrung und Überwachung des syrischen Luftraumes sorgen können. Doch Syrien ist für den Westen wirtschaftlich uninteressant, sodass man das Land sich selbst überließ. Außerdem war der IS ein Feind des schiitischen Iran, was im Westen als Vorteil erschien. Man hat ihn gewähren lassen. Im Irak und in Libyen hat der Westen eingegriffen, weil ein großes Interesse an den Ölvorkommen bestand. So hat er maßgeblich an der Entstehung von Kriegen und dem Aufkommen von Terrorgruppen mitgewirkt.

Europäische Daumenschrauben

Den Migranten aus Afrika sollte man mittelfristig eine wirtschaftliche Perspektive im Heimatland verschaffen. Allein das würde den dort häufig ausgebeuteten Menschen Hoffnung auf ein besseres Leben geben. Auf der anderen Seite hat Europa, damit auch Deutschland, die völkerrechtliche Pflicht, jeden in Seenot geratenen Menschen zu retten und zu versorgen.

Die EU hat mit den sogenannten AKP-Staaten (Afrika, Karibik und Pazifik) das Handelsabkommen EPA (Economic Partnership Agreement) geschlossen. Unter den 79 AKP-Staaten sind fast alle afrikanischen Staaten. Die Staaten, die bis Oktober 2014 das Freihandelsabkommen nicht unterschrieben hatten, wurden mit drastischen Zöllen auf ihre Produkte bestraft. Der Export von Obst und Gemüse aus diesen Ländern ist daher kaum möglich, weil die Lebensmittel aufgrund der hohen Einfuhrzölle nicht mehr konkurrenzfähig sind. Die EU erpresst die afrikanischen Bauern, weil deren Regierungen nicht das Freihandelsabkommen unterschreiben wollen. In dem Freihandelsabkommen zwingt die EU Afrika, sich zu 83 % für die EU zu öffnen, ohne Zölle zu erheben. Nur 17 % ihres Warenhandels dürfen die afrikanischen Staaten noch mit Zöllen schützen. Die afrikanischen Staaten sind gegen starke Volkswirtschaften wie Deutschland machtlos und ohne Zölle ungeschützt.

Die Waren aus der EU werden die wenigen konkurrenzfähigen afrikanischen Produkte, kaum 10 %, aus dem Markt drängen und damit die Entwicklung der afrikanischen Volkswirtschaften bremsen. Ein gutes Beispiel sind die hochsubventionierten EU-Hähnchen, die in Afrika verscherbelt werden. Afrikanische Geflügelbetriebe mussten schließen, die Menschen wurden arbeitslos. Ihre Zukunft verdüsterte sich.

Die deutsche Regierung hat dem Freihandelsabkommen zugestimmt und trägt deshalb Verantwortung. Auf der anderen Seite fließen deutsche Steuergelder für Entwicklungshilfe nach Afrika. Wie passt das zusammen?

Lösungswege

In der Flüchtlingspolitik verhalten sich die EU-Staaten egoistisch und heuchlerisch. Das zeigt z. B. eine Bemerkung des ehemaligen deutschen Innenministers Hans Peter Friedrich: „Lampedusa gehört zu Italien. Und Italien muss seine Flüchtlinge auch versorgen. [...] Wir erwarten von Italien, dass es seine Aufgaben erfüllt".[69] Gegenseitige Hilfe muss selbstverständlich sein, wenn es um europäischen Werte geht. Hier zeigt sich jedoch, dass handfeste Interessen im Vordergrund stehen und nicht die Werte, die oft beschworen werden.

Für eine Lösung der Flüchtlingsfrage sind politischer Wille und Einigkeit Europas unabdinglich. Deutsche und europäische Politiker müssen bereit sein, sich für die Heimatstaaten der Flüchtlinge einzusetzen und selbstverständlich Geld dafür auch in die Hand nehmen. Außerdem muss die EU mit einer Stimme sprechen. Uneinigkeit richtet hier enormen Schaden an.

Dann sollten kurz- und mittelfristige Lösungen ausgearbeitet werden. Kurzfristig muss akute Hilfe für Menschen aus Kriegsgebieten organisiert werden, in Deutschland und in den Nachbarländern der Kriegsgebiete. Diese Hilfe braucht nicht immer aus Geld zu bestehen, da dieses oft in dunklen Kanälen verschwindet. Praktische Hilfe, z. B. durch die GIZ – Gesellschaft für Internationale Zusammenarbeit oder durch Hilfsorganisationen, wäre effektiver. Die Hilfsorganisationen müssten finanziell unterstützt werden.

Mittelfristig muss der Westen aufhören, im Nahen Osten aus Egoismus und Machtinteressen Kriege anzuzetteln. Stattdessen sollte er diese Länder dabei unterstützen, verantwortungsvolle Staatsführer zu installieren und bessere Lebensbedingungen zu schaffen. Leider ist dies bisher nicht der Fall. Für die Rettung von Banken werden Milliarden Euro ausgegeben, für die Rettung und Versorgung von Flüchtlingen dagegen verschwindend wenig. Sind Banken mehr wert als Menschenleben? Der sogenannte Zehn-Punkte-Plan der EU, der nach dem Kentern von Flüchtlingsbooten im Mittelmeer im April 2015 vorgestellt wurde, bringt kaum Neues; acht Punkte waren bereits vorher beschlossen worden. Die wichtigsten Punkte sind:

- Schlepperbanden sollen gezielt bekämpft werden.

- der illegalen Migration soll vorgebeugt werden.

- Flüchtlinge sollen besser verteilt werden.

- zusätzliche Schiffe sollen der Seenotrettung im Mittelmeer dienen, aber mit demselben Mandat wie die Grenzsicherungsmission „Triton".

Außerdem sollen die Nussschalen, mit denen die Flüchtlinge über das Mittelmeer kommen, zerstört werden. Das ist eine Alibi-Veranstaltung. Solche Schnellschüsse sind in der Regel wirkungslos. Die EU bekämpft Flüchtlinge, aber nicht die Fluchtursachen. Wenn Schlepperboote präventiv zerstört werden, hält man zwar Flüchtlinge davon ab, auf dem gefährlichen

Seeweg Europa zu erreichen, drängt sie andererseits auf andere Wege ab, etwa die „Balkanroute". Außerdem ist es nicht möglich, ein Schlepperboot von einem Fischerboot zu unterscheiden. Man würde zwangsläufig Fischerexistenzen zerstören.

Dringend erforderlich ist eine gerechte Verteilung der Flüchtlinge innerhalb Europas. Zurzeit ist dies aber unrealistisch, weil die EU-Staaten auch in dieser Frage uneinig sind. Die Länder, die keine Flüchtlinge aufnehmen, sollten sich wenigstens finanziell beteiligen.

Auch die Kommunen in Deutschland sollten die ihnen zugesagten Mittel erhalten. Zurzeit werden diese Mittel durch die Länder verteilt, teilweise aber nicht weitergegeben. Weiterhin benötigen die Kommunen dringend Unterstützung vom Bund und von den Ländern, da sie finanziell und organisatorisch überfordert sind. Wenn Turnhallen geschlossen werden, weil kein Geld für Unterkünfte zur Verfügung steht, gefährdet das den sozialen Frieden. Die Bereitstellung einer Sozialleistung darf nicht auf Kosten von anderen vom Staat zu erbringenden Leistungen gehen.

Zu einer nachhaltigen Lösung gehört es auch, dass die Flüchtlinge die Möglichkeit haben, einen Beruf zu erlernen. Eine Ausbildung motiviert sie vielleicht, in ihr Heimatland zurückzukehren und beim Wiederaufbau zu helfen. Bei einer Rückkehr müssten sie zusätzlich mit Sachhilfen unterstützt werden.

In den Flüchtlingen wird andererseits großes Potenzial zur Belebung unseres Arbeitsmarkts gesehen. Langeweile und Nichtstun sind kontraproduktiv. Wenigstens sollte frühzeitig, d.h., bereits in den Flüchtlingsunterkünften, die deutsche Sprache gelehrt werden, damit die Menschen überhaupt eine Chance haben, einen Arbeits- oder Ausbildungsplatz zu finden. Bisher werden sie faktisch daran gehindert: Zwar können Asylbewerber nach Ablauf von drei Monaten arbeiten, allerdings haben sie meist aufgrund ihres ungeklärten Aufenthaltsstatus' keine Chance dazu.

Prioritäten müssen richtig gesetzt werden: Erste Priorität haben die Seenotrettung, die Erstversorgung der hier eingetroffenen Flüchtlinge und die Beschleunigung der Asylverfahren. Die Vorbeugung und Schaffung von Perspektiven in den Heimatländern sind mittelfristig erforderlich. Zurzeit ist aber die erste und einzige Priorität die Abschottung unserer Grenzen.

Gerade die deutschen Politiker sollten bei ihren Entscheidungen bedenken, dass wir Deutsche in und nach den Weltkriegen des letzten Jahrhunderts auch geflüchtet sind und in anderen Ländern aufgenommen wurden. Auch Elendswanderungen, also eine Flucht aus wirtschaftlichen Gründen, gab es aus Deutschland.

Zuletzt sollte klar sein, dass Flüchtlingsbewegungen nicht gesteuert werden können. Man muss das akzeptieren und das Beste und Menschlichste daraus machen. Es wäre schön, wenn sich Deutschland weiterhin vorbildlich um seine Mitmenschen kümmert und sie auf eine Zukunft in ihrem Heimatland oder auch hier in Europa vorbereiten würde. Unsere Vergangenheit verpflichtet uns dazu.

Kein Wille, kein Konzept, keine Übersicht

Die Perspektiven sind jedoch schlecht, denn die Flüchtlinge verschaffen dem Staat weder Einnahmen noch Vorteile, denn diese leben – gezwungenermaßen – auf Staatskosten, und das Interesse des Staates ist es, sich derartiger Kosten zu entledigen. Sie konsumieren auf Staatskosten und das Interesse des Staates ist die Entledigung von derartigen Kostenfaktoren. Daher sind die Flüchtlinge vonseiten des Bundes und der Länder unwillkommen. Die Kommunen hingegen versuchen, das Problem so gut wie möglich zu lösen.

Menschliche Aspekte bleiben außen vor, die Schicksale der Flüchtlinge werden ignoriert. Erst erleben sie in ihrer Heimat Krieg und Verfolgung, ihre Familien sind auch durch Bomben der Allianz gegen das Assad-Regime in Gefahr. Sie nehmen eine Odyssee auf sich, um in ein sicheres Land zu gelangen. Dann werden sie in Deutschland von Rechtsextremen angepöbelt und verängstigt. Die Menschen haben unser Mitgefühl verdient, wir müssen ihnen mit Würde begegnen. Hilfsorganisationen wie Pro Asyl und Amnesty International müssen gestärkt werden. Im Gegenzug sind Asylbewerber und Flüchtlinge sofort auszuweisen, die gegen Gesetze verstoßen haben. Man kann aber davon ausgehen, dass die wenigsten Flüchtlinge Straftaten begehen oder begangen haben. Auch radikaler Islamismus ist unter ihnen wahrscheinlich selten zu finden. Auf der anderen Seite müssen in den Flüchtlingsunterkünften Kontakte zu Islamisten unterbunden werden.

Bei der Behandlung der Flüchtlingsfrage besteht im Unterschied zu den Griechenland-Rettungspaketen offenbar kein Interesse an einer schnellen Lösung. Europaweit sieht es noch schlimmer aus: Hier kommt man zu keiner Einigung über die besonders von Deutschland gewünschte Verteilung der Flüchtlinge. Man muss sich schämen, weil europäische Werte mit Füßen getreten werden. In Ungarn und Griechenland werden die Flüchtlinge unmenschlich behandelt und Europa verweigert sich einer Lösung. Nicht nur der ungarische Ministerpräsident ist eine Schande, sondern auch die dortige Polizei, die die Flüchtlinge wie Vieh behandelt hat. Gerade hinsichtlich der Flüchtlingssituation im Sommer 2015 stellt man einmal mehr fest, dass die EU nur aus egoistischen Ländern besteht. Und die Spitzen der EU-Politik wirken hilflos und glänzen durch Uneinigkeit. Die EU-Staaten schieben sich gegenseitig den Schwarzen Peter zu. Profilierung und Parteigeplänkel stehen im Vordergrund. Die einen sprechen von „Transitzonen", die anderen von „Internierungslagern". Um diese zu realisieren, müssten Zäune gebaut werden. Das wäre das Ende des freien Personenverkehrs innerhalb der EU.

In Deutschland wurde immer wieder von den Flüchtlingen aus Balkanländern gesprochen, obwohl sich deren Anzahl schon auf 2,4 % reduziert hatte;[70] der größte Teil kommt mittlerweile aus Syrien. Der politische Fokus wurde offenbar bewusst auf Südosteuropa gelenkt, um Lösungen zu verzögern. Im selben Zusammenhang wird über eine Obergrenze diskutiert. Wie aber kann eine solche Obergrenze umgesetzt werden? Gilt das Grundgesetz nur in ruhigen und friedlichen Zeiten?

Wichtiger erscheint ein Blick auf die deutschen Rüstungsexporte. Es verspricht nichts Gutes, als Mitte Oktober 2015 der einstige Außenminister Steinmeier Saudi-Arabien besuchte. Zur gleichen Zeit wurden vier Kampfpanzer und drei Panzerhaubitzen nach Katar geliefert – dieses Land ist am Krieg im Jemen beteiligt. Mit solchen Waffen wird der Konflikt weiter angeheizt. Stattdessen drehen sich öffentliche Debatten um das Pseudoproblem der „sicheren Drittstaaten", obwohl dies für eine Lösung irrelevant ist. Deutsche und europäische Politiker sind uns Erklärungen und Lösungen schuldig. Stattdessen gewinnt bayerische Polemik die Oberhand.

Wie lösungsorientierte Politik gemacht wird, kann man sich bei Kommunalpolitikern abschauen. Sie wissen um sinnvolle Lösungen, vertreten sie auch in Talkshows; selbstkritische Argumentation ist ihnen nicht fremd. Im großen politischen Geschäft fanden sie bisher aber kaum Gehör – erreichten aber immerhin Zusagen über zusätzliche finanzielle Mittel. Ansonsten glänzte Berlin mit Reden über die Gefährdung des

Schengener Abkommens, über Flüchtlingsquoten und mit Schuldzuweisungen. Solche „Spitzenpolitiker" machen sich kaum Gedanken darüber, wie man Flüchtlinge versorgt. Langfristige Perspektiven kommen ihnen nicht in den Blick. Man pflegt sich an der Seite der aktiven Helfer zu sonnen. Besuche in Flüchtlingsheimen werden in Szene gesetzt, man präsentiert sich als Wohltäter. Auch der ehemalige Bundespräsident enttäuschte beim Thema Flüchtlinge. Es veranstaltete ein Sommerfest, zu dem er auch Flüchtlinge eingeladen hatte – und ließ diesen Anlass von den Medien ausschlachten. Das hilft keinem Flüchtling. Man sollte vom Bundespräsidenten erwarten, dass er die Politiker von Bund und Land eindringlich auffordert, sich effektiv um Problemlösungen zu kümmern. Druck zur Beschleunigung der Asylverfahren wäre sehr hilfreich, damit die Flüchtlinge schnell Gewissheit über ihre Zukunft und eine realistische Perspektive haben. Es sind Macher gefragt, die anpacken!

Enttäuschend war die Untätigkeit bei der Registrierung der Flüchtlinge. Jeder weiß, dass die Länder Süd- und Südosteuropas gar nicht diese Menge an Menschen registrieren können. Wenn man das Dublin-Abkommen insoweit ändern würde, dass den Neuankömmlingen eine Weiterreise in ihr Wunschland garantiert würde, würden diese sich auch registrieren lassen. Selbst in Deutschland wurden Flüchtlinge im Sommer 2015 zum großen Teil nicht ordnungsgemäß erfasst. Es standen nicht genug Mitarbeiter für diese

Arbeit zur Verfügung. Keiner hatte wohl damit gerechnet, dass Europa und auch Deutschland nicht in der Lage ist, seine Grenzen zu kontrollieren. Es ist richtig, dass diese Situation von bayerischen Politikern kritisiert wird, aber der Kontext, indem diese Kritik sich äußert, hat einen rechtspopulistischen Beigeschmack.

Die eigenen politischen Fehlentscheidungen fallen uns jetzt vor die Füße. Die Verantwortung liegt in Europa, Amerika und in Russland. Europa drückt sich davor, Amerika taucht ab, Russland spielt Krieg. In Amerika fürchtet man die unbemerkte Einreise von Terroristen. Es kommen die Geister, die man rief: Man sieht zu, wie ein Bürgerkrieg Syrien zerstört und wenn sich die Betroffenen eine neue Bleibe suchen, weil sie aufgrund der Weltpolitik fürchten müssen, abgeschlachtet zu werden, hat man Angst, dass sie zu Terroristen geworden sind. Man kann natürlich nicht ausschließen, dass sich auch unter den Flüchtlingen in Deutschland IS-Kämpfer befinden. Die Frage ist nur, warum der Westen sich diese Terroristen heranzieht. Außerdem haben Terroristen viele andere Möglichkeiten, nach Europa zu kommen. Die eigentliche Gefahr ist aber bereits hier. Die Attentäter von Paris waren französische und belgische Staatsbürger!

Eine andere Problematik ist sozialer Unfrieden. Wenn Flüchtlinge Turnhallen belegen, weil keine anderen Unterkünfte verfügbar sind, und Schulkinder kein Sport mehr treiben können, entsteht Missmut. Gabriel hat betont, dass Unzufriedenheit auch entstehen könnte, wenn für die Flüchtlinge neue Wohnungen gebaut würden. Man dürfe die deutschen Bürger nicht vergessen. Das ist völlig richtig, aber warum hat man für die deutschen Bedürftigen nicht schon vorher Wohnungen gebaut? Das Problem der Wohnungsnot ist seit Jahren bekannt. Hier muss man davon ausgehen, dass sich der ehemalige Wirtschaftsminister profilieren wollte. Lösungen hat er nicht anzubieten.

Verantwortung übernehmen

Wer aus wirtschaftlicher Not nach Deutschland kommt, hat keinen Anspruch auf Asyl. Dennoch sollte man genau hinsehen und dafür sorgen, dass diese Menschen in den Ländern, aus denen sie kommen, eine Perspektive erhalten. Stattdessen wird auf „Wirtschaftsflüchtlinge" geschimpft und gleichzeitig entzieht man diesen Leuten die Existenzgrundlage. Entwicklungshilfe wäre möglich, auch würde politischer Druck helfen. Stattdessen werden Milliarden in die Ukraine oder nach Griechenland überwiesen, auch wenn davon vor allem korrupte Politiker oder die Gläubiger, meistens EZB, IWF oder Banken, profitieren. Die betroffenen Bürger sehen keinen Cent – und dann wundert man sich, dass diese Menschen nach Deutschland kommen!

Nach Ankunft vieler Tausend Flüchtlinge in Europa muss man feststellen, dass Europa nicht das ist, was uns die Politik verkauft. Diese gaukelt uns vor, dass Europa eine Wertegemeinschaft ist, die sich erheblich von anderen Ländern und Kontinenten unterscheidet. Das ist Volksverdummung, denn tatsächlich ist Europa eine Interessengemeinschaft. Es werden Zäune errichtet, um Flüchtlinge auszusperren. Gleichzeitig nimmt man ihnen in ihren Heimatländern die Existenzgrundlage. Kanzlerin Merkel spricht von einem freundlichen Gesicht für Neuankömmlinge, stellt aber keine oder nicht ausreichende finanzielle Mittel zur Verfügung. Andere Politiker verheddern sich in politischer Propaganda, wie z. B. die CSU. Flüchtlinge werden in Kategorien eingeteilt: „Wirtschaftsflüchtlinge" hier, „Kriegsflüchtlinge" dort.

Erst einmal hat jeder das Recht, einen Antrag auf Asyl zu stellen, auch der Flüchtling, der aus wirtschaftlichen Gründen kommt. Dieser Antrag muss zeitnah bearbeitet werden und die abgelehnten Asylbewerber müssen abgeschoben werden. Die Gesetze, die dies legitimieren, sind vorhanden und ausreichend. Der Staat muss nur danach handeln. Deshalb entlarvt sich die Polemik der CSU als Populismus, mit dem man bei den nächsten Wahlen die Ultrarechten in Bayern einfangen will. Das ist Wahlkampf auf Kosten Tausender traumatisierter Menschen. Politik und der Staat versagen.

Die zahlreichen, häufig ehrenamtlichen Helfer vermitteln dagegen die hochgelobte Willkommenskultur. Auf diese Leute kann Deutschland stolz sein! Für schlechte Lebensbedingungen, Blutvergießen und Tod in den Herkunftsländern der Flüchtlinge ist auch Deutschland mitverantwortlich. Deshalb müssen wir Verantwortung übernehmen und eine gute Integration möglich machen.

Man sollte auch beachten, dass in Syrien seit fünf Jahren Krieg tobt. Vor der Flüchtlingswelle des Jahres 2015 hat niemand die Lage richtig eingeschätzt. Es scheint, dass erst Tausende ihr Leben lassen mussten, bis der Westen diesen Krieg überhaupt wahrnimmt. Nicht einmal ein Flugverbot wurde in Syrien durchgesetzt. Durch europäisches Desinteresse konnte das Assad-Regime Tausende Fassbomben abladen. An dem Krieg verdienten Waffenhersteller und Rüstungskonzerne, ausbaden müssen ihn der Flüchtling und seine Helfer.

Der deutsche Politiker schmückt sich gerne mit fremden Lorbeeren und gibt sich gleichzeitig Mühe, das Bild der Hilfsbereitschaft zu zerstören. Diskussionen über „Wirtschaftsflüchtlinge“, die mangelnde finanzielle Unterstützung der Kommunen, die langsame Bearbeitung von Asylanträgen und fehlende Sozialwohnungen zwingen zur Improvisation, die den sozialen Frieden gefährdet und Fremdenhass fördert. Kommunen sowie karitative und private Organisationen wie die Berliner „Moabit hilft“ übernehmen derweil Aufgaben, die eigentlich Sache des Staates sind. Es ist Heuchelei, die Kommunen zur Flüchtlingshilfe zu verpflichten, sie aber gleichzeitig finanziell ausbluten zu lassen. Private Spenden ersetzen staatliche Pflichtaufgaben.

Auch den UNHCR, der die Versorgung der Flüchtlinge in den Lagern im Nahen Osten maßgeblich übernimmt, lässt die westliche Welt finanziell aushungern. Der United Nations High Commissioner for Refugees („Hochkommissariat der Vereinten Nationen für Flüchtlinge") kann seinen Aufgaben aufgrund von Geldmangel kaum mehr nachkommen. Deutschland zahlte im Zeitraum 1991 am meisten, nämlich 61 Millionen US-$.[71] Das war bereits damals sehr wenig. In den Folgejahren wurde der deutsche Jahresbeitrag noch geringer, teilweise lag er nur bei 15 Mio. US-$. Von 1991 bis 2011 hat Deutschland dagegen Rüstungsexporte zwischen knapp 1 Mrd. US-$ und 3,257 Mrd. US-$ getätigt.[72]

Jahr	Beitrag UNHCR	Rüstungsexporte	Verhältnis
2000	15.144.000 USD	1.619.000.000 USD	106,91-fache
2001	29.234.000 USD	923.000.000 USD	31,57-fache
2002	30.560.000 USD	916.000.000 USD	29,97-fache
2003	32.557.000 USD	1.731.000.000 USD	53,17-fache
2004	31.194.000 USD	1.139.000.000 USD	36,51-fache
2005	40.157.000 USD	2.081.000.000 USD	51,82-fache
2006	31.087.000 USD	2.710.000.000 USD	87,17-fache
2007	33.286.000 USD	3.257.000.000 USD	97,85-fache
2008	48.884.000 USD	2.388.000.000 USD	48,85-fache
2009	54.530.000 USD	2.547.000.000 USD	46,71-fache
2010	49.739.000 USD	2.725.000.000 USD	54,79-fache
2011	55.678.000 USD	1.359.000.000 USD	24,41-fache
2012	69.262.446 USD	816.000.000 USD	11,78-fache
2013	116.618.000 USD	722.000.000 USD	6,2-fache
2014	139.497.612 USD	1.785.000.000 USD	12,8-fache
2015	65.220.675 USD	2.049.000.000 USD	31,4-fache

Vergleich UNHCR-Beiträge/Rüstungsexporte

Unsere Politiker wundern sich dann, dass so viele Flüchtlinge zu uns kommen. Wenn man seine Familie nicht einmal ernähren kann, geht man dorthin, wo Nahrung vorhanden ist. Von einem Dach über den Kopf ganz zu schweigen. Wenn die UNHCR die Flüchtlinge auch nicht mehr versorgen kann, ziehen sie weiter und stranden in Europa. Die Tabelle zeigt: Es wird ein Vielfaches für Zerstörung ausgegeben. Wenn man die

Beiträge an den UNHCR mit den Griechenland-Hilfen vergleichen würde, wäre das Verhältnis noch schlechter.

Auffallend ist auch, dass das sich UNO und EU ähnlich verhalten. Beide Organisationen werden von den Politikern dieser Welt missbraucht. Es werden Resolutionen beschlossen, die Kriegspolitik legalisieren – und der einstige UNO-Generalsekretär Ban Ki-moon versank in Schweigen, statt für die pünktliche Zahlung von Hilfen und Beiträgen zu sorgen. Immerhin hat er 2016 nach dem Angriff in Syrien auf einem Hilfskonvoi klare Worte gefunden.

Die Industrieländer, also der reiche Westen, sowie Russland und China verursachen ganze Völkerwanderungen, indem sie Kriege verursachen und ganze Kontinente wirtschaftlich ausbluten lassen. Sogenannte ethnische Konflikt sind ebenfalls politisch motiviert und von politischen und wirtschaftlichen Interessen gesteuert. Überdies werden Korruption und Filz, nicht nur in den Kriegsgebieten, bedient.

Integration, Kontrolle, Aufklärung

Die deutschen und europäischen Politiker müssen in der Flüchtlingspolitik endlich ihre Hausaufgaben machen, wir, die Bürger, machen unsere auch! Sie müssen endlich Gesetze und Moral in Einklang bringen! Die Politik darf nicht an ihren Debatten und Versprechungen, sondern muss an ihren Taten gemessen werden. Zurzeit nehmen große Teile der Gesellschaft Aufgaben wahr, zu denen eigentlich der Staat verpflichtet wäre. Deshalb verweigern sich die

Bürger auch Wahlen. Der erhöhte Bedarf an Lehrern für unsere Schulen, die natürlich auch Flüchtlingskindern Bildungsmöglichkeiten geben müssen, wird bisher nicht energisch genug angegangen – und später wundert man sich, warum die Integration nicht erfolgreich war. Deshalb besteht die Gefahr, dass sich wie in Brüssel und Paris Dschihadisten-Viertel in deutschen Städten entwickeln, und der Zulauf zu terroristischen Organisationen derjenigen, die nicht „abgeholt" werden, wird steigen. Die Wirtschaft klagt über fehlendes oder nicht ausreichend qualifiziertes Personal, tut bisher selbst aber zu wenig, um Flüchtlingen mithilfe von Ausbildungsplätzen in unsere Gesellschaft zu integrieren. Sicher ist, dass die Integration mindestens zwei Generationen dauern wird. Eine kluge und nachhaltige Flüchtlingspolitik muss sich auf einen langfristigen Aufenthalt der Flüchtlinge einstellen. Denn die Kriege und Konflikte in Syrien, Irak, Afghanistan, Eritrea und Jemen werden in absehbarer Zeit nicht beendet werden.

Zur Integration gehören das Erlernen der deutschen Sprache, Ausbildung und Qualifizierung, Beschäftigung, die Schaffung von Wohnraum und die Möglichkeit, die eigene Religion auszuüben. Wir müssen den Flüchtlingen vermitteln, dass in Deutschland das Grundgesetz bedingungslos beachtet werden muss. Demnach sind alle hier in Deutschland lebenden Menschen gleichgestellt, unabhängig vom Geschlecht, der Hautfarbe oder der sexuellen Orientierung.

Für die Integration muss viel Geld in die Hand genommen werden. Das zahlt sich später aus. Die Zusagen auf dem Gipfeltreffen bei Bundeskanzlerin Merkel im September 2015, ein Pro-Kopf Betrag von 670 € pro Kopf und Monat, reichen bei weitem nicht. Auch 500 Mio. € für zusätzliche Sozialwohnungen sind nur ein Tropfen auf dem heißen Stein. Gettos müssen vermieden werden. Die Flüchtlinge dürfen nicht dort untergebracht werden, wo es leere Wohnungen gibt, sondern dort, wo sie eine Arbeit finden können oder wo ihre Familienangehörigen leben. Deshalb ist die geplante EU-Quote wirkungslos.

Klug wäre es auch, der Bevölkerung die Situation zu erklären, statt sich demagogischen Reden hinzugeben – die CSU wird in dieser Hinsicht dem „Christlich" in ihrem Namen nicht gerecht! Weiterhin muss die Politik wieder Kontrolle erlangen. Deutschland und Europa müssen beweisen, dass sie angemessen mit der Flüchtlingssituation umgehen können. Dies beginnt mit der schnellen Bereitstellung von Personal zur Bearbeitung der über 400.000 offenen Asylverfahren. Jeder Flüchtling hat das Recht darauf, dass sein Ersuchen geprüft wird.

Innenminister de Maizière beschwerte sich, dass Asylbewerber mit dem Taxi quer durch Deutschland fahren und sich prügeln. Er könnte besser dafür sorgen, dass Familien zusammengeführt werden und dass die Aufnahmelager nicht überbelegt werden. Solche Aussagen lassen die Akzeptanz gerade bei dem

Bevölkerungsteil schwinden, der den Staat entlastet. Grundsätzlich wird in Diskussionen, Interviews und Talkshows, der „Flüchtlingsstrom" als Problem dargestellt. Besser ist, zu betonen, dass man viele Menschenleben gerettet hat.

Statt Negativpolemik zu betreiben, sollte die Politik ihren Wählern erklären, dass durch die Einreise von Muslimen keine Scharia droht. Kulturelle Unterschiede müssen der Öffentlichkeit vermittelt werden, um Fremdenfeindlichkeit abzubauen. Man muss auch kommunizieren, dass sich unter den Asylbewerbern überwiegend keine radikalen Islamisten befinden. Auf der anderen Seite müssen Asylbewerber erkennen, dass unser Staat säkular ist und bleibt, d. h., Staat und Religion sind voneinander getrennt. Außerdem muss vermittelt werden, dass hier andere Gesetze gelten als in ihren Heimatländern.

Die Politik muss für ausreichend Wohnraum schaffen, um dadurch einem Verteilungskampf entgegenzuwirken. Debatten über „sichere Drittstaaten" und Einwanderungsgesetze schaden und verunsichern nur, ebenso Floskeln wie „Wir schaffen das" oder Angstszenarien. Die Kanzlerin sollte beschreiben, *was* genau wir schaffen und *wie* wir das schaffen. Wer macht was? Wie soll professionell integriert werden? Wer zahlt was? Wie ändern sich unsere Kultur und unser Alltag? Wo stehen wir in fünf oder zehn Jahren? Bei der Beantwortung dieser Fragen muss die Politik Gestaltungskraft beweisen. Agieren statt reagieren! Weniger Aktionismus! Aufklärung statt Lobbyismus!

Wir, die Bürger, sollten unsererseits Verallgemeinerungen, Stereotypen und Pauschalurteile vermeiden und immer daran denken, was wäre, wenn in Deutschland Mord und Totschlag regieren würden und wir unsere Heimat verlassen müssten. Klar muss sein, dass nicht die Asylbewerber an ungelösten sozialen Problemen Schuld haben.

Unsere Politik sollte ein offenes Herz haben, gleichzeitig aber eine Überlastung der Gesellschaft oder des Staates vermeiden. Wenn eine Gesellschaft oder der Staat zu viel leisten muss, spricht man von der „Tragik der Allmende" (engl. *tragedy of the commons*), wobei mit Allmende das Allgemeingut bezeichnet wird. Sie bezeichnet ein sozialwissenschaftliches und evolutionstheoretisches Modell, nach dem frei verfügbare, aber begrenzte Ressourcen nicht effizient genutzt werden bzw. durch Übernutzung bedroht sind. [73] Außerdem muss jeder Ausländer, der hier straffällig wird, konsequent abgeschoben werden oder in Abschiebehaft genommen werden. Er hat damit sein Recht auf einen Aufenthalt in unserem Land verwirkt.

Es wird Zeit, dass Europa geschlossen agiert. Leider benehmen sich die osteuropäischen Länder in der Flüchtlingsfrage besonders egoistisch. Sie weigern sich, Flüchtlinge aufzunehmen, weil sie meinen, das ihren Wählern nicht vermitteln zu können. Sie kennen keine vergleichbare Situation und haben deshalb Bedenken.

Deshalb müssen die Regierungen ihren Wählern die Fakten erklären.

Rechtsextremismus

Nach den Enthüllungen zu den Anschlägen des „NSU", einer rechtsterroristischen Gruppierung, die viele Morde begangen hat, musste man feststellen, dass Polizei, Justiz und Nachrichtendienste versagt hatten. Auch bei den PEGIDA-Demos in Dresden fand Fremdenfeindlichkeit ein Forum. Und mit dem Flüchtlingsstrom nach Mitteleuropa 2015 machten zahlreiche Brandanschläge auf Asylunterkünfte Schlagzeilen. Außenminister Gabriel bezeichnete Leute mit rechtsextremen Gedankengut als „Pack". Kanzlerin Merkel verurteilte Familien, die an rechtsextremen Demos teilgenommen haben. Blogs mit fremdenfeindlichen Inhalten sollten gelöscht werden.

Ob all dies die Probleme löst, muss bezweifelt werden. Eher sieht es nach halbherzigem Aktionismus aus, der sich sehr schnell wieder legt. Hier zeigt sich die Hilflosigkeit unserer Politik. Sie möchte sich nicht mit den Ursachen beschäftigen oder sie gar bekämpfen. Auch deshalb ist die PEGIDA entstanden.

Offensichtlich suchen viele Bürger ein Ventil, um ihre Unzufriedenheit mit der aktuellen Politik zum Ausdruck zu bringen. Sie fühlen sich nicht gehört und nicht vertreten. Sie sind unzufrieden, haben aber keine Bühne, um dies auszudrücken. Sie nutzen deshalb soziale Netzwerke, um sich mit „rechten" Kommentaren Gehör zu verschaffen. Sicher finden sich bei PEGIDA und unter den Netzwerk-Kommentaren auch Rassisten und Neonazis, die „vergessene" Bürger für Ihre Ziele einspannen wollen. Die Politik macht keinen Unterschied und beschimpft alle ausnahmslos. Das wiederum fördert die Verbreitung extremistischen Gedankenguts. Abhilfe wird auf diese Weise nicht geschaffen.

Nicht nur die pauschale Verurteilung, sondern auch fehlende Bildung begünstigt Politikverdrossenheit. Es verkümmert das höchste Gut, das unser Land hat: die Intelligenz und Erfahrung unserer Fachkräfte. Viele Leute, die ihre Unzufriedenheit verbreiten, fühlen sich als Hartz-IV-Empfänger oder Ein-Euro-Jobber sozial abgehängt. Menschen, die nicht mehr in der Lage sind, ihr Leben eigenverantwortlich zu gestalten. Sie machen andere für ihre Perspektivlosigkeit verantwortlich.

Der Zulauf zu den wirklich Rechtsextremen wird auch durch Volksverdummung gefördert. So gießt die CSU Öl ins Feuer, wenn sie permanent von „Wirtschaftsflüchtlingen" und "Obergrenzen" spricht. Christlich ist das nicht. Ein Blick in die Medien und die sozialen Netzwerke offenbart: Es fehlt an Aufklärung. Stattdessen Hetze gegen Ausländer.

Politikverdrossenheit und Unzufriedenheit sind gerade in Ostdeutschland verbreitet. Allerdings stehen die meisten Ostdeutschen den Westdeutschen in Bezug auf Humanität und Hilfsbereitschaft nicht nach. Sowohl im

Osten als auch im Westen fördert die Angst, die seitens der Politik geschürt wird, die Gewaltbereitschaft.

Im großen Stil wird Symbolpolitik betrieben. Wie soll es bewertet werden, wenn der bayerische Ministerpräsident Seehofer den ungarischen Ministerpräsidenten Orban hofiert? So wird polarisiert. Das dämmt den Rechtsextremismus nicht ein! Es zeugt von Gedanken- und Hilflosigkeit, wenn auf diese Weise Flüchtlinge gegen Einheimische ausgespielt werden. Dennoch gibt es unter den Bürgern eine große Hilfsbereitschaft. Sie unterscheiden nicht zwischen „guten" und „schlechten" Flüchtlingen. Über die Medien wird die „Willkommenskultur" überall verbreitet, nicht nur in Deutschland, sondern in ganz Europa. Darauf kann ganz Deutschland stolz sein.

Nutzen für wenige

Es war einmal ein Bürgermeister in Bayern, der besaß ein Grundstück. Sein Rat beschloss, eine Baugenehmigung für einige Windräder auf dem Nachbargrundstück zu erteilen. Fix und kreativ wie der Bürgermeister ist, lässt er für sein eigenes Grundstück ebenfalls eine Baugenehmigung erteilen. Statt auf den anderen Grundstücken wurde nun ein Windrad auf seinem Grundstück errichtet. [74] Und wenn er nicht gestorben ist, kassiert er heute noch 10.000 € pro Jahr dafür. Das ist kein Märchen, sondern eine wahre Geschichte. Sie bleibt folgenlos.

150

In einem kleinen Dorf im Main-Spessart-Kreis beklagen sich die Bürger. In einem Bürgerentscheid stimmten 90 % von ihnen gegen Windräder. Dennoch wurden sie gebaut: auf den Äckern der Gemeinderäte, die über den Flächennutzungsplan entschieden haben.

Viele solcher Beispiele kennt man aus der RTL-Sendung „Mario Barth klärt auf", in der symbolisch die Kohle durchs Klo gejagt oder zum Fenster herausgeworfen wird. Ein markantes Beispiel aus der Sendung spielte in Köln. Dort wurden Aussichtsplattformen mit einer Höhe von einem Meter gebaut, um den Kölner Dom zu sehen. Diese Plattformen sind für diesen Zweck natürlich ungeeignet.

In einem Vorort von Essen haben sich Anwohner geweigert, für die Straßenreinigung zu zahlen, weil ihre Straße von der Kommune nicht gereinigt wurde. Der Steuergerechtigkeit wegen mussten die Anwohner gleich für mehrere Jahre nachzahlen.[75]

Die Kommunen sind das vorletzte Glied in der Kette. Sie müssen Vorgaben des Bundes und der Länder umsetzen. Der Bürger als letztes Glied darf die Suppe dann auslöffeln. Finanzielle Mittel oder wenigstens Zuschüsse vom Bund oder den Ländern bleiben aus. Sogar vom Bund bewilligte Mittel für Flüchtlingsunterkünfte werden von den Ländern nicht vollständig an die Kommunen weitergegeben. Die Kommunen haben dann keine andere Wahl, als den Bürger zur Kasse zu bitten und immer mehr Leistungen zu streichen.

Eine Peinlichkeit sondergleichen ist der Flughafen Berlin-Brandenburg. Der erste Spatenstich erfolgte am 5. September 2006. Ein Jahr später sollte der neue Großflughafen fertig sein. Das ließ sich nicht halten. Der Termin wurde auf 2012, später dann auf das Jahr 2018 verschoben. Die zunächst geplanten Kosten von 1,7 Mrd. € erhöhten sich bis Ende 2014 auf 5,1 Mrd. €. Daraus wurden später 6,8 Mrd. €. Der „Nicht-Flughafen" kostet jeden Monat 35–40 Mio. €. Hauptverantwortliche für dieses Desaster sind 1. Klaus Wowereit, ehemaliger Bürgermeister von Berlin, 2. Mathias Platzeck, ehemaliger Ministerpräsident von Brandenburg, 3. der Geschäftsführer Manfred Körtgen und 4. der Technikchef Horst Amann.

Es ist unbegreiflich, warum der BER noch nicht fertig ist. Zuerst waren es technische Probleme mit der Entrauchungsanlage, dann kamen Personalquerelen dazu, dann passierte gar nichts mehr. Wie soll das Projekt beendet werden?

Technische Probleme können nicht allein der Grund für diese unendliche Geschichte sein. Wenn das so wäre, müssten wir uns schämen, könnten wir doch als führende Industrienation keinen Flughafen bauen. Deshalb müssen wir auch nach anderen Ursachen suchen. Ein anonymes Schreiben ging an die Geschäftsführung des BER unter der Überschrift „Korruption am BBI – Berlin." Der damalige Flughafen-Chef Hartmut Mehdorn unternahm nichts. Die Auftragsvergabe für die Verlegung von Trink- und

Abwasserrohren durch den märkischen Abwasser-Zweckverband an einen Brandenburger Rohrleitungsbauer wurde manipuliert. Der Auftrag wurde vergeben, obwohl die beauftragte Firma nicht das niedrigste Angebot vorlegte. Der Leiter des Verbandes hatte Einladungen in Restaurants, Bargeld und Material für seinen Hausbau erhalten.[76] Bei der Neuinstallation der Entrauchungsanlage ermittelt die Staatsanwaltschaft wegen Korruption im Umfang von einer halben Million Euro.[77] Schließlich wurden die Arbeiten eingestellt, weil die Dachkonstruktion nicht für das Gewicht der Ventilatoren der Entrauchungsanlage ausgelegt war.

Schmiergelder sind von zwei Firmen an Francis G., einen ehemaligen Baubereichsleiter, geflossen. Gleichzeitig sollte Schaden für diese Firmen abgewendet werden. Wahrscheinlich wurde mangelhaft gebaut und diese Mängel sollten unter dem Tisch gekehrt werden.[78]

Das BER-Debakel ist ein gutes Beispiel für Fehleinschätzung und Überheblichkeit. Politiker wie Wowereit und Platzeck glaubten, sie könnten ein Projekt dieser Größenordnung stemmen, obwohl sie nicht den Hauch einer Ahnung von Projektabwicklung haben. Es ist nicht auszuschließen, dass bei diesem Projekt das jüngste Gericht noch bevorsteht. Mit Sicherheit wird es noch explosive Enthüllungen geben. Wer aber ist noch an einer Lösung interessiert?

Verkehrspolitik

Der VW-Skandal um manipulierte Tests mit Dieselfahrzeugen hat den Lobbyismus sowohl im Verkehrsministerium als auch im Wirtschaftsministerium in die Öffentlichkeit gebracht. Verkehrs- und damaliger Wirtschaftsminister taten überrascht, obwohl es Forderungen, die Missstände abzustellen, schon lange gab. Der ADAC und die Deutsche Umwelthilfe haben die Politik bereits 2010 darauf aufmerksam gemacht. Vergeblich. Die getesteten Fahrzeuge haben teilweise das 30-Fache des Grenzwertes für Stickoxide ausgestoßen. Die Verantwortlichen in Deutschland verweigerten eine sinnvolle Kontrolle und setzten auf Selbstkontrolle der Industrie. Damit sind sie kläglich gescheitert.

Lobbyisten setzen ihre Interessen bei der Gesetzgebung massiv durch. Freundliche Empfänge und die eigene Präsentation auf Automessen sind den Politikern wichtiger als unabhängige Kontrollen. Auch scheint manchem die Absicherung der eigenen beruflichen Zukunft wichtiger zu sein. Als Beispiel dafür kann der ehemalige Verkehrsminister Matthias Wissmann herangezogen werden. Er ist seit 2007 Vorsitzender des Verbandes der Automobilindustrie. Oder auch der ehemalige Staatsminister im Kanzleramt, Eckart von Klaeden, der seit 2013 Cheflobbyist für den Bereich Politik und Außenbeziehungen bei Daimler ist.

Tatsächlich wurde der Diesel-Betrug in den USA festgestellt, nicht in Deutschland. Eigentlich überraschend, sind doch in Amerika Lobby-Interessen noch stärker im Spiel. Man kann annehmen, dass die amerikanische Konkurrenz dahintersteckt. Fehlende Kontrollen und die ungeprüfte Übernahme der Herstellerangaben bei der Typenzulassung in Deutschland war ein gigantisches Eigentor für den größten europäischen Kfz-Hersteller. Verkehrsministerium und Kraftfahrtbundesamt glänzen durch Inaktivität.

Kraftstoffpreise – eine Rechnung

Autofahrer und Gewerbetreibende zahlen die Zeche für Fehlentscheidungen der Politik. Meist wird abkassiert, ohne dass die Betroffenen es unmittelbar merken. So zahlten die Fahrzeughalter in Deutschland im Jahr 2014 8,501 Mrd. € Kfz-Steuer. [79] Dazu kamen die Energiesteuern (Mineralölsteuer) und die Mehrwertsteuer. Dazu zwei Modellrechnungen:

Super

Angenommener Preis: 1,259 €

Kosten Kraftstoff: 0,54 €

Energiesteuern: 0,66 €

Mehrwertsteuer: 0,20 €

Steuern gesamt: 0,86 €

Diesel

Angenommener Preis: 1,049 €

Kosten Kraftstoff: 0,50 €

Energiesteuern: 0,47 €

Mehrwertsteuer: 0,17 €

Steuern gesamt: 0,64 €

Ein Liter Super kostet eigentlich nur 0,65 €, ein Liter Diesel 0,50 €. Aufgeschlagen wird auf den Preis – und die Energiesteuern – die Mehrwertsteuer von 19 %. Hier wird also doppelt abkassiert. Nach Angaben des Bundesfinanzministeriums wurden im Jahr 2014 39,758 Mrd. € Energiesteuern eingenommen. [80] Zuzüglich Kfz-Steuer hat der Autofahrer 48,5 Mrd. € an den Staat abgeführt. Die Lkw-Maut hat weitere 4,5 Mrd. € eingebracht. Die Einnahmen aus diesen Steuern und Abgaben beliefen sich insgesamt auf 54 Mrd. €. Wenn diesen Einnahmen nun die Ausgaben des Bundes für den Straßenbau, 1,4 Mrd. €, gegenübergestellt werden, ergibt sich ein gewaltiges Missverhältnis. So stellt sich die Frage, was mit dem Rest geschieht. Sinnvoll wären mehr Investitionen in das stark beanspruchte Verkehrssystem und die Entlastung desselben.

Stau-Einnahmen

Die vielen Staus auf den Autobahnen sind jedem Autofahrer ein Dorn im Auge. Der Verkehr hat im Vergleich zu 2013 um 2,5 % zugenommen, die Staus im selben Zeitraum aber um 15 %. Werden Verkehrsstaus von der Regierung provoziert, damit Einnahmen aus dem Mehrverbrauch von Sprit erzielt werden?

Eine Studie hat Folgendes ergeben: 2014 gab es auf deutschen Autobahnen 475.000 Staus mit einer Gesamtlänge von 960.000 km. Jeder Autofahrer steht im Durchschnitt 38 Stunden im Stau. Bei ca. 300 Litern Mehrverbrauch pro Fahrzeug macht das Mehreinnahmen von 12 Mrd. € pro Jahr für den Staat.[81] Auf der anderen Seite kostet z. B. ein 3 km langer, vierstündiger Stau auf einer zweispurigen Autobahn der Volkswirtschaft ca. 100.000 €. Durch Verschleiß von Straßen und Brücken sowie Umweltschäden entsteht weiterer Schaden. Es ist kaum vorstellbar, dass die Politik Staus befürwortet, sind doch die langfristigen Folgen erheblich. Doch obsiegt in der Politik nicht meist kurzfristiges Denken und Handeln?

Um die Zahl und die Länge von Verkehrsstaus zu reduzieren, könnte das Verkehrsministerium neue Konzepte mit Universitäten und Wissenschaftlern, Automobilclubs und anderen Experten erarbeiten. So könnte ein differenzierter Arbeitsbeginn, wie in den Niederlanden, staatlich gefördert werden. In einigen deutschen Betrieben ist zwar die Gleitzeit möglich, durch eine Förderung würde diese gesteigert. Weiterhin könnte der Gütertransport mit der Bahn attraktiver gestaltet werden. Auch könnten neue Informationstechniken in den Fahrzeugen genauer die aktuelle Verkehrssituation erfassen. Dadurch werden nicht nur Staus vermieden, auch der Schadstoffausstoß sinkt. Das wäre ein Beitrag für den Klimaschutz.

Laientheater Pkw-Maut

Ein gutes Beispiel für Politik nach Gutsherrenart war der Einsatz der CSU für die Pkw-Maut. Der bayerische Ministerpräsident Seehofer ging vor der Landtagswahl in Bayern 2013 mit dieser Idee auf Stimmenfang: Die Österreicher und Schweizer sollen Maut in Deutschland zahlen, weil der Autofahrer aus Deutschland dort auch Straßenbenutzungsgebühren zahlt. Dem hiesigen Autofahrer werden die Kosten über einen Nachlass bei der Kfz-Steuer ersetzt. Das kam in Bayern gut an. EU-Verträge wurden großzügig ignoriert und die darin verbotene Diskriminierung von Ausländern in Kauf genommen. Die Eckpunkte:

Nach der Einigung von Verkehrsminister Dobrindt und der EU Ende 2016 soll je nach Schadstoffausstoß eine Zehn-Tages-Maut für 2,50 €, 4 €, 8 €, 14 € oder 20 € kosten. Für 2 Monate sollen 7 €, 11 €, 14 €, 30 € oder 40 € anfallen. Der deutsche Autofahrer kann nicht wählen und zahlt je nach Schadstoffklasse. [82] Nachbarstaaten wie Österreich oder Niederlande haben schon Klagen angekündigt. Ein mäßiges politisches Laienstück geht in den nächsten Akt.

Die Maut sollte erst für alle Straßen gelten, später wurde sie auf Druck aus NRW auf die Autobahnen beschränkt.

Die ursprüngliche Version der Maut sollte jährlich Einnahmen in Höhe von 700 Mio. € erbringen; die Kosten wurden auf 195 Mio. € veranschlagt. Nach Meinung des ADAC waren bei dem ursprünglichen Vorschlag Einnahmen von 262 Millionen € und Ausgaben von 300 Millionen € realistisch. Ein Zuschussgeschäft.[83] Die Kontrolle sollte elektronisch durch Nummernschilderkennung erfolgten – die Kosten dafür sind unbekannt. Die bayerische Idee hat also einige Fragezeichen und berechtigterweise das Kopfschütteln vieler Politiker und Bürger hervorgerufen.

Energiepolitik

Auch in der Energiepolitik ist Umschichtung von Vermögen, vom Verbraucher über den Staat an Konzerne, üblich. Ein gutes Beispiel ist die Strombesteuerung. Die Stromsteuer ist als „Ökosteuer" ein Etikettenschwindel. Denn ein großer Teil fließt in die Rentenkassen. Private Haushalte, kleine und mittelständische Betriebe zahlen grundsätzlich Folgendes:[84]

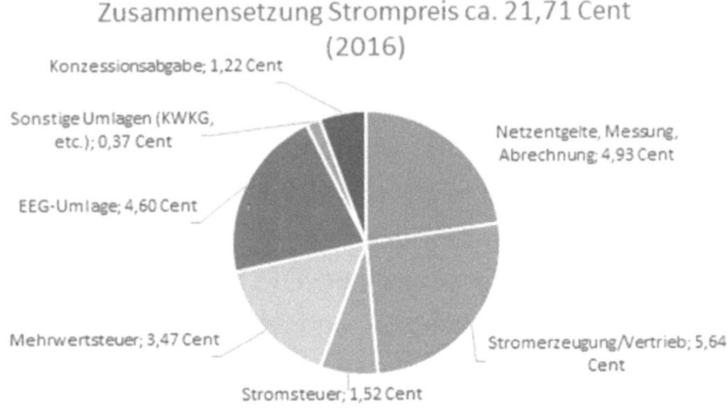

Atomausstieg – wer zahlt?

Von der EEG-Umlage sind fast 3000 Firmen befreit.[85] Dadurch soll die Konkurrenzfähigkeit mit ausländischen Firmen bewahrt werden. In der Liste sind auch viele Nahverkehrsunternehmen und die haben keine Konkurrenz. Der Verbraucher wird ausgenommen wie eine Weihnachtsgans und die Politik legt noch eins drauf: Im Januar 2015 wurde die Briefkorrespondenz zwischen dem hessischen Ministerpräsidenten Volker Bouffier, dem damaligen Chef des Kanzleramts Ronald Pofalla und dem einstigen RWE-Vorstandsvorsitzenden Jürgen Großmann, bekannt. Es ging um die Abschaltung der Kernkraftwerke. Bundes- und Landespolitiker haben kräftig mitgeholfen, dass Energiekonzerne gegen das

Moratorium nach dem Atomunglück von Fukushima (vorübergehendes Abschalten von Atomkraftwerken zur Sicherheitsüberprüfung am 14.3.2011) und den Atomausstieg selbst klagen können. Das war kein Leichtsinn oder eine Dummheit, sondern geschah aus engster Verbundenheit. Nach Angaben des TV-Magazins „Monitor" vom 15.1.2015 gründete dies in einer Absprache zwischen Spitzenpolitikern und Konzernlenkern.[86]

Betroffen von dem dreimonatigen Moratorium war auch das Kraftwerk Biblis (B). Danach fuhr RWE das Kraftwerk aber nicht wieder hoch, obwohl es erlaubt war. Stattdessen verlangten sie Schadenersatz für Ausfallzeiten. Auch andere Konzerne machten das. In der Klageschrift von RWE diente ein Brief von Bouffier als zentrales Argument, so „Monitor". Darin warnt der Politiker das Unternehmen davor, Biblis B nach dem Moratorium wieder anzufahren, da in diesem Fall die hessische Atomaufsicht dagegen vorgehen würde. Diese Steilvorlage für RWE machte Schadensersatzforderungen erst möglich.

Der Brief war wohl Kalkül. Damit verschaffte Bouffier den Betreibern von Biblis einen Klagevorteil. Der damalige RWE-Chef Großmann hatte diesen Brief mit Bezug auf eine Aussage von Pofalla bei Bouffier angefordert. Dies kann als Absprache zwischen Politik und Unternehmen gedeutet werden. Auch der damalige Umweltminister Norbert Röttgen und sein Abteilungsleiter Gerald Hennenhöfer wussten davon.

Dem Steuerzahler kostet dieser Vorgang einige hundert Millionen Euro. ENBW, E.ON und RWE fordern von der Bundesregierung insgesamt 882 Mio. € Schadenersatz. Diese Stromkonzerne machten jahrelang Milliardengewinne, wälzten die gefährliche Entsorgung des Atommülls auf den Steuerzahler ab und sind dann noch so unverschämt und bitten denselben mithilfe der Politik weiter zur Kasse.

Kanzlerin Merkel gibt sich gerne als Klimaschützerin und es sieht so aus, als gehe Deutschland mit gutem Beispiel voraus. Andererseits hat sich mit der Weiternutzung der Kohlekraftwerke und des Braunkohle-Tageabbaus in NRW ganz klar die RWE-Lobby durchgesetzt. Die Klimapolitik der Kanzlerin wirkt halbherzig.

Die Energieunternehmen trennen sich von ihren Altlasten, der Rückbau der Atomkraftwerke und die Entsorgung des radioaktiven Materials, indem sie diese ähnlich wie eine „Bad Bank" auslagern werden. Das Mutterunternehmen hat damit nun nichts mehr zu tun. Gewinne werden abgeschöpft und privatisiert, Verluste zahlt die Öffentlichkeit!

Gabriel wusste sich in seiner Amtszeit als Wirtschaftsminister zu helfen. Er plante, die Konzerne auch weiterhin für die Verbindlichkeiten ihrer ausgelagerten Problem-Töchter gerade stehen zu lassen. Die Unternehmen drehten jedoch den Spieß einfach um und gründeten für ihre „umweltfreundlichen" Energien neue Gesellschaften. Die bestehenden Unternehmen dürfen den Rückbau dann finanzieren – und gehen Pleite. Wieder übernimmt der Steuerzahler. Als Gabriel merkte, dass seine Pläne durchschaut wurden, gab er ein Gutachten in Auftrag. Das belegt, dass die Konzerne ausreichende Rückstellungen haben. Wer's glaubt… Gabriel verweigerte trotzig die Gründung eines staatlichen kontrollierten Fonds zur Finanzierung des Atomausstiegs. In diesen müssten die Konzerne jetzt einzahlen – bevor sie sich in die Insolvenz retten können.

Der Rückbau der Atomkraftwerke kostet 50–70 Mrd. €. Die Rückstellungen der Konzerne betragen zurzeit ca. 36 Mrd. €. Differenz und Risiken bleiben als Mehrkosten beim Steuerzahler hängen. Für wenige Jahre Atomstrom werden die Nachfolgegenerationen finanziell belastet. In den 1970ern und 1980ern haben Politiker die Gegner der Atomenergie als Spinner abqualifiziert. Heute reden sie sich raus, nichts gewusst zu haben. Verantwortung übernehmen wird kein Politiker oder Energieversorger, sondern der Steuerzahler.

Kohle – für wen?

Im November 2015 hat der damalige Wirtschaftsminister Gabriel den Stromriesen ein zusätzliches Geschenk gemacht. Ursprünglich wollte er sie zu einer Abgabe für den Betrieb dreckiger Kohlekraftwerke verdonnern. Ab er es kam anders. Die Unternehmen bekommen nun für die Bereitstellung dieser Kraftwerke als Sicherheitsreserve vier Jahre lang

230 Mio. €, falls es durch die Abschaltung der Kernkraftwerke zu Engpässen bei der Stromversorgung kommt. Bereits jetzt wird ein enormer Stromüberschuss produziert, der staatlich finanziert dann weiterverkauft wird, z. B. nach Frankreich. Es ist ziemlich unwahrscheinlich, dass die Sicherheitsreserve jemals gebraucht wird.

Bemerkenswert ist auch der Ablauf des Entscheidungs- und Gesetzgebungsverfahrens. Nach Recherchen des WDR waren RWE, Vattenfall und Mibrag direkt an der Erarbeitung des entsprechenden Gesetzesentwurfes beteiligt, die dafür zuständige Netzagentur aber nicht. [87] Ex-Wirtschaftsminister Gabriel verschacherte unser Land. Als Sozialdemokrat sollte er eigentlich sozial handeln. Die Parteigenossen ließen ihn gewähren. Nicht zuletzt deshalb befand sich die SPD im freien Fall.

TTIP/CETA – Ausverkauf europäischer Interessen

TTIP (Transatlantic Trade and Investment Partnership) und CETA (Comprehensive Economic and Trade Agreement) sind transatlantische Freihandelsabkommen in Form eines völkerrechtlichen Vertrages zwischen der Europäischen Union und den USA bzw. Kanada.[88] Die Verhandlungen für TTIP begannen im Juli 2013 und sind noch nicht abgeschlossen. Nach der Wahl des neuen amerikanischen Präsidenten Trump

164

sind die Chancen gering. Gabriel verkündete dann in seiner Amtszeit als Wirtschaftsminister auch, TTIP habe keine Chance auf Abschluss. Dafür kommt aber CETA. Dies sei wesentlich verbraucherfreundlicher. Ist es das? Tatsache ist, dass CETA als Vorlage für TTIP herhielt. Das Gleiche wird jetzt als Verbraucherschutz verkauft. Sobald CETA von den Länderparlamenten ratifiziert ist, sind nicht nur die kanadischen Konzerne auf der Agenda. Die amerikanischen Konzerne gründen ihre Niederlassungen in Kanada und setzen darüber ihre Interessen durch. TTIP kann entfallen.

Und was heißt „völkerrechtlicher Vertrag"? Im Gegensatz zu Abkommen oder multilateralen Verträgen zwischen Regierungen wird ein völkerrechtlicher Vertrag (durch die Parlamente) ratifiziert. Änderungen sind nur mit Zustimmung aller beteiligten Staaten möglich. Der Vertrag hat rechtlich einen höheren Rang und wird von den Vereinten Nationen und dem Internationalen Gerichtshof anerkannt. Der Vertrag bindet die Staaten und steht über nationalen Gesetzen. Deshalb können solche Verträge gefährlich für die Demokratien der europäischen Staaten sein. Und damit sind wir wieder beim Machtstaat – weil TTIP und CETA auch ein probates Mittel ist, diesen zu festigen.

Zwischenstaatliche Verträge erhalten durch das Wiener Übereinkommen von 1969 einen völkerrechtlichen Rahmen. Die USA sind, im Unterschied zu den europäischen Staaten und Kanada, diesem

Übereinkommen nicht beigetreten. Es ist zu erwarten, dass sie sich nur daranhalten, wenn es ihnen nützt.

Über die Tragweite eines völkerrechtlichen Vertrages wird, wie bei TTIP, meist nicht offen debattiert. Daher ist vielen Bürgern auch nicht bewusst, dass, wenn der Vertrag erst einmal unterschrieben ist, es kein Zurück mehr gibt.

TTIP umfasst folgende Bereiche:

o Investitionsschutz

o Deregulierung des Finanzsektors

o Sozial-, Umwelt- und Lebensmittelstandards

o Daseinsvorsorge

o Kultur und Medien

o Nachhaltigkeit

o Energie und Rohstoffe

o Pharmabranche

o Dienstleistungen

o Datenschutz

o öffentliches Beschaffungswesen

o Zollabbau

o geografisch geschützte Angaben

o Handelshemmnisse und Harmonisierung technischer Standards

Mit TTIP sollen Handelshemmnisse abgebaut werden, z. B. Zölle und Standards, um das Wachstum von Unternehmen zu fördern und Kosten für diese Unternehmen zu verringern. Die Vorteile für den einzelnen Bürger sind ungewiss. Eher sind für ihn gravierende Nachteile zu erwarten. Deutsche oder europäische Standards im Verbraucherschutz, Umweltschutz und sozialen Bereich könnten als Handelshemmnisse eingestuft werden und damit geschwächt oder abgeschafft werden. Die geplanten nicht staatlichen Schiedsgerichte wären befugt, Schadensersatzansprüche festzulegen, die von unabhängigen Gerichten nicht überprüft oder bestätigt werden können. Mit TTIP wollte die USA der Kontrolle des weltweiten Handels einen Schritt näherkommen. Die europäische Politik unterstützt dies mit Mehrheit.

TTIP untergräbt die Demokratie, besonders durch die geplanten Schiedsgerichte, die den einzelnen Mitgliedsstaat nach Belieben umgehen können. Das kann als Verstoß gegen das Grundgesetz gedeutet werden. An den Verhandlungen sind Lobbyvertreter der Industrie maßgeblich beteiligt, die Öffentlichkeit und die Parlamente werden weitgehend außen vorgelassen. Nicht einmal die EU-Parlamentarier haben vollständige Einsicht in die Verträge. Die EU-Kommission veröffentlicht nur den allgemeinen Stand der Verhandlungen, die einzelnen Vertragsbedingungen sind geheim. Demokratische Kontrolle wird also unterbunden. Das schafft Misstrauen. Eine umfangreiche Information der Öffentlichkeit wäre bei einem solch bedeutenden Vertragswerk oberstes Gebot.

Wie verhandelt wird

Interessant sind in diesem Zusammenhang die politischen Leitlinien des Kommissionspräsidenten Jean-Claude Juncker vom 15.7.2014. In Absatz 6 vertritt er folgenden Standpunkt: „Allerdings werde ich als Kommissionspräsident auch unmissverständlich klarstellen, dass ich nicht bereit bin, europäische Standards im Bereich Sicherheit, Gesundheit, Soziales, Datenschutz oder unsere kulturelle Vielfalt auf dem Altar des Freihandels zu opfern. Insbesondere die Sicherheit unserer Lebensmittel und der Schutz personenbezogener Daten der EU-Bürgerinnen und -Bürger sind für mich als Kommissionspräsident nicht verhandelbar. Ebenso wenig werde ich akzeptieren, dass die Rechtsprechung der Gerichte in den EU-Mitgliedstaaten durch Sonderregelungen für Investorenklagen eingeschränkt wird. Rechtsstaatlichkeit und Gleichheit vor dem Gesetz müssen auch in diesem Kontext gelten."[89] Wie glaubhaft das ist, zeigt die kurz darauf erfolgte Ohrfeige des Europäischen Gerichtshofs (EuGH), das Datenschutzregeln für Unternehmen in den USA („Safe Harbour") kippte. Halten Junckers Aussagen zu den TTIP-Verhandlungen kritischen Nachfragen stand?

Weiter heißt es: „In allen Phasen der Verhandlungen werde ich auf mehr Transparenz gegenüber den Bürgerinnen und Bürgern und dem Europäischen

Parlament bestehen, das gemäß den EU-Verträgen beim Abschluss des Abkommens das letzte Wort hat." „Mehr Transparenz" ist sehr vage formuliert. Spürbare Fortschritte jedenfalls gab es seit der Veröffentlichung des Papiers nicht. Im Gegenteil, das Papier bestätigt, dass die europäische Bevölkerung ausgesperrt bleibt, weil das Europäische Parlament – nach Auffassung Junckers – das letzte Wort hat. Dieses Papier ist ein typisches Beispiel, wie rhetorischen Konstrukte in die Irre führen können.

Bundeskanzlerin Merkel sagte 2013, dass wir uns nichts mehr wünschen, als das Freihandelsabkommen zwischen Europa und den USA. Wenn das so ist, wäre ein Volksentscheid sicher ein probates Mittel, diese Ansicht zu bestätigen. Das wird dessen ungeachtet nicht in Erwägung gezogen. Merkel weiß, dass die deutsche Bevölkerung Umfragen zufolge die schärfsten Kritiker von TTIP sind. Ex-Wirtschaftsminister Gabriel stellte auf dem Weltwirtschaftsforum in Davos lapidar fest: „Deutschland ist reich und hysterisch".[90]

Auf dem Prüfstand – Fracking

Um die Tragweite von TTIP besser beurteilen zu können, muss auf einige Bereiche näher eingegangen werden, als Erstes auf Umweltstandards. In Deutschland und Polen erschien vor dem Absturz des Ölpreises die Gewinnung von Erdgas durch Fracking so lohnenswert, dass etliche Firmen Lizenzen beantragten. Mehr als die Hälfte der Fläche Nordrhein-Westfalens wäre geeignet für Fracking-Aktivitäten, auch in Wasserschutzgebieten.[91] TTIP würde den Gas- und Chemieunternehmen die Gelegenheit geben, ihre Investitionsinteressen über Schiedsgerichte durchzusetzen. Der Grundwasserschutz würde dabei nicht an vorderster Stelle stehen. Dabei sind die Gefahren für das Grundwasser durch Fracking vielfältig, insbesondere durch den Einsatz von Chemikalien. Beim Fracking werden Wasser, Sand und Chemikalien in das Gestein gepresst, um Risse zu erzeugen. Sand hält diese Risse offen, sodass Gas ausströmen kann. Dieses Gas gelangt zum Teil unkontrolliert in die Atmosphäre und beschleunigt dadurch den Klimawandel. Schließlich muss das Fracking-Abwasser entsorgt werden.

In den USA haben Wissenschaftler Fracking-Flüssigkeit eingefärbt und dessen Weg verfolgt. Dabei hat man festgestellt, dass diese bis zu 600 m in Bodenrisse vordrang. Im US-Bundesstaat Pennsylvania wurde im Fracking-Abwasser eine gefährlich hohe Radioaktivität nachgewiesen. Die Bohrlöcher selbst verunreinigten das Grundwasser erheblich. Die Chemikalien enthalten teilweise hochtoxische Stoffe. Verwendet werden z. B. 19.000 Tonnen des gering-giftigen Tetramethylammoniumchlorid, 9,5 Tonnen des wassertoxischen Octylphenol (auch in Autoreifen enthalten) und 680 kg wassergefährdende Biozide.[92] Pro Fracking-Vorgang werden außerdem bis zu 20.000 Liter Wasser verbraucht.

Auch das Hochwasserrisiko ist nicht zu unterschätzen. In Nordrhein-Westfalen treten der Rhein und seine Nebenflüsse häufig über die Ufer. Verseuchte Abwässer werden weiter verteilt. Der Kleingärtner aus Castrop-Rauxel oder Köln hat wohl kaum eine Chance, gegen Energiekonzerne sein Recht auf Schadensersatz durchzusetzen, wenn seine Tomaten vergiftet sind. Trinkwasser in Fracking-Gebieten der USA, das aus dem Wasserhahn kam, war sogar brennbar. Wissenschaftler der Duke University in Durham haben 133 Proben aus Brunnen in Pennsylvania und Texas untersucht. Methan kam durch Fracking ins Grundwasser.[93] Weitere Forschungsergebnisse aus den USA haben die Behauptung der Förderunternehmen, es würde kein Gas austreten, widerlegt. Die Forscher haben Fördertürme in Utah überwacht und festgestellt, dass sich 7–12 % des geförderten Gases in die Atmosphäre verabschiedet.[94]

Kanzlerin und der frühere Wirtschaftsminister betonten wiederholt, dass Verhandlungen über Zulassungsstandards für chemische Stoffen ausgeschlossen sind.[95] Das stimmt nicht, die ARD führte gegenteilige Belege an.[96]

Aushebelung europäischer Standards

Bei TTIP werden Zulassungsstandards gegenseitig anerkannt. In den USA gelangt eine Chemikalie nach wenigen Tests des Herstellers auf den Markt. Die Behörden müssen die Gefährlichkeit nachweisen, falls sie vermuten, der Stoff sei gefährlich (Toxic Substances Control Act, TSCA). In Europa muss eine Chemikalie erst umfangreichen Tests unterzogen werden, bevor sie vom Rat der EU für die Risikobewertung zugelassen wird. Für die europäische Chemieindustrie bedeutet dies einen höheren Aufwand als in den USA. Daher wird sie ihre Tochtergesellschaften in den USA mit der Markteinführung beauftragen – europäische Bestimmungen werden auf diese Weise ausgehebelt.

Eine Chemikalie, die auf dem amerikanischen Markt zugelassen ist, ist n-Propylbromid (nPB), ein Nervengift, das z. B. in Klebstoffen der Möbelindustrie verwendet wird. Es löst Krebs aus, schädigt das Nervensystem oder macht impotent. Eine Amerikanerin, die dem Gift während ihrer Arbeit in einer Polsterfabrik ausgesetzt war, kann nur noch mit Stock gehen und ist arbeitsunfähig. Sie hat eine Abfindung von 15.000 US-$ erhalten und vegetiert jetzt irgendwo in Amerika vor sich hin.[97] In den USA ist nPB zugelassen, in Europa nicht. Unsere Politiker, allen voran Ex-Wirtschaftsminister Gabriel, betonen, dass weiterhin europäische bzw. deutsche Gesetzesgrundlagen gälten. „Nationales Recht kann nicht gebrochen werden.“ Das aber wird mithilfe von TTIP ausgehebelt und geht so: Die durch amerikanische Konzernen in Europa eingesetzten Chemikalien unterliegen der Zulassung durch einen Rat für Risikobewertung. Das mag stimmen, aber die EU lässt in dieses Gremium bald auch Lobbyisten hinein. Bisher sitzen darin lediglich Wissenschaftler.

Gesundheits- und Verbraucherschutzinteressen sind bisher vorrangig. Mithilfe von TTIP kann das Unternehmen vor einem privaten Schiedsgericht nun einen Staat verklagen, sein Gesetz so zu ändern, dass die fraglich in den USA zugelassene Chemikalie auch in Europa erlaubt ist. Droht hoher Schadenersatz, gerät das nationale Recht schnell unter Druck – und wird dann so zurechtgebogen, dass den Konzernen Milliardengewinne gesichert werden. Das geschieht auf Kosten unserer Gesundheit.

Wichtig für den europäischen Verbraucher sind auch Lebensmittel- und Gesundheitsstandards. Dabei geht es nicht nur um die viel zitierten Chlorhühnchen, sondern auch um genveränderte Lebensmittel. Die sind in Europa verboten (Futtermittel ausgenommen), und das nicht ganz grundlos. Die Auswirkungen sind heute noch nicht absehbar und deshalb ist ein Verbot im Sinne des Verbrauchers. In den USA sind teilweise 90 % der Lebensmittel gentechnisch verändert. Eine Kennzeichnungspflicht besteht nicht. Lebensmittelkonzerne kritisieren seit Langem die europäischen Beschränkungen und man kann sicher sein, dass TTIP auch hier die Hand anlegt. Dann werden auch europäische Bürger Versuchskaninchen für die Lebensmittelindustrie.

Wenn die amerikanische Gesundheitsversorgung durch ihre Konzerne in Europa Einzug hält, ist das ebenfalls kein gutes Zeichen. Für Krankenhausbetreiber in den USA steht die

Wirtschaftlichkeit an erster Stelle, nicht die Gesundheit der Patienten oder die Daseinsvorsorge. Sie konzentrieren sich auf lukrative Geschäfte, etwa in Form von (aufwendigen) Untersuchungen, die sich nur reiche Patienten leisten können oder die von den Krankenversicherungen bezahlt werden. Die Gesundheit wird als Ware angesehen. Mehr teure Spezialmedizin für Wohlhabende und weniger Allgemeinmedizin für finanzschwache Patienten wird die Folge sein. Die Mitarbeiter in den Krankenhäusern werden schlechter entlohnt, die Arbeitszeit ist gleichzeitig höher und die Arbeitsschutzregeln sind weniger streng. Diese Standards drohen nun auch Europa. Kommunale Kliniken in Deutschland kümmern sich um die Grundversorgung aller Patienten unabhängig von der Versicherung und dem Einkommen der Patienten. Nach Angaben des ehemaligen Bundeswirtschaftsministers ist die öffentliche Daseinsvorsorge, darunter das Gesundheitswesen, kein Gegenstand der TTIP-Verhandlungen. Das stimmt nicht. [98] Insgesamt ist eine Harmonisierung „nach unten" zu befürchten.

Der Verband TeleTrustT, der sich in Deutschland u. a. für die Sicherheit in der Informations- und Telekommunikationstechnik einsetzt, warnt vor Zugeständnissen, besonders bei den Kryptoalgorithmen, die ein wesentlicher Bestandteil von Verschlüsselungssoftware sind. Nationale Institutionen, etwa das Bundesamt für Sicherheit in der Informationstechnik (BSI), das für einen hohen

174

Sicherheitslevel in der IT-Technologie sorgt, sind an den Verhandlungen nicht beteiligt. Nach Auffassung von TeleTrustT droht eine Übernahme des amerikanischen NIST-Standards für Europa. Damit können sich US-amerikanische Firmen Wettbewerbsvorteile verschaffen. Ohnehin stellt sich die Frage, was Verschlüsselungstechniken überhaupt mit einem Handelsabkommen zu tun haben.

Strittige Schiedsgerichte

Besonders kritisch sind die Schiedsgerichtsverfahren zu sehen, über die auch bei TTIP und CETA verhandelt wurde. Diese Gerichte sind nicht transparent und undemokratisch, vor allem deshalb, weil ihre Entscheidungen nicht durch ordentliche Gerichte überprüft werden können und es keinen festgelegten Instanzenweg gibt, der z. B. auch eine Vorlage beim Bundesgerichtshof erlauben würde. Die rechtsprechende Gewalt wird auf diese Weise kaltgestellt. Nach Meinung eines ehemaligen deutschen Verfassungsrichters Siegfried Broß verstoßen die Schiedsgerichte gegen deutsches Verfassungsrecht bzw. gegen EU-Recht – nachzulesen im Report Nr. 4 der Hans-Böckler-Stiftung.[99]

Die Wirtschaft kann enorm hohe Entschädigungen durchsetzen, z. B. weil sie aufgrund des Atomausstiegs in Deutschland keine Atomkraftwerke betreiben oder mit Fracking kein Öl fördern darf. Gentechnisch veränderte Produkte und hormonbehandeltes Fleisch würden selbstverständlich zum Sortiment in deutschen

Supermärkten gehören. Es könnte z. B. ablaufen wie im Rechtsstreit zwischen dem Staat Uruguay und dem Tabakkonzern Philip Morris: Im Jahr 2006 ging Uruguay mit Rauchverboten in öffentlichen Gebäuden, erhöhter Tabaksteuer und Warnhinweisen auf den Packungen gegen den Tabakkonsum der Uruguayer vor. Aufgrund eines Investitionsschutzabkommens zwischen Uruguay und der USA klagte Philip Morris auf eine Entschädigung von 2 Mrd. US-$. Uruguay selbst weist nur einen Staatshaushalt über rund 31 Mrd. US-$ auf.[100] Die Zweifel an TTIP und CETA sind also berechtigt.

Geheimverhandlungen

Auch die Vorgehensweise bei den TTIP-Verhandlungen verdient schärfste Kritik. Entscheidungen werden von Lobbys und Großkonzernen getroffen und geheim gehalten. Mittlere und kleinere Unternehmen sowie der Bürger werden ausgeschlossen. Der Verhandlungsprozess selbst ist für die Öffentlichkeit intransparent. Auch die Parlamentarier der beteiligten Staaten haben keine bzw. nur sehr begrenzte Einsicht. Der „Tagesspiegel" berichtete, dass die US-Regierung EU-Beamten unter folgenden Auflagen Einsicht in den Leseräumen ihrer jeweiligen Botschaft gewähren würde:

- maximal zwei Regierungsbeamte,

- maximal zwei Tage in der Woche,

- vorherige Anmeldung und Zulassung,

176

- zugelassen sind nur Stift und Papier für begrenzte Notizen.

Die verbraucherfreundliche US-Senatorin Elizabeth Warren hat im Mai 2014 in einer Veranstaltung des Internationalen Presseklubs festgestellt, dass das Abkommen auf breiter Linie abgelehnt würde, wenn die Inhalte bekannt würden. Wörtlich sagte sie: „I actually have had supporters of the deal say to me ‚They have to be secret, because if the American people knew what was actually in them, they would be opposed.‚"[101] Übersetzt: „Befürworter des Abkommens sagten mir, dass, wenn die amerikanische Öffentlichkeit Inhalte erfahren würde, sie das Abkommen ablehnen würde."

Auch in den USA befürchtet man offenbar die Ablehnung der Bevölkerung. Beachtlich ist eine Bemerkung vom ehemaligen Vizepräsident Joe Biden nach der achten Verhandlungsrunde: Man müsse die Amerikaner davon überzeugen, dass Europa auch an dem Abkommen interessiert sei. Natürlich ist Europa interessiert, nur die Bürger werden nicht gehört. Dabei bedeutet Interesse nicht pauschale Zustimmung, sondern lediglich die Bereitschaft zur Diskussion. Das sollte man Demokraten zugestehen. Und wie steht die amerikanische Bevölkerung dazu? Es gibt viele Befürworter. Gerade die jüngere Generation wünscht sich z. B. einen besseren Verbraucherschutz. Das belegt, wie niedrig die Standards in den USA sind. Man kann nur hoffen, dass die amerikanischen Bürger

Einzelheiten über die TTIP-Inhalte erfahren, um sich ein eigenes Urteil zu bilden.

Generell geht es hier nicht darum, wie die Blinker von Autos aussehen müssen, sondern um Grundsätzliches. Es geht hier auch nicht um pro oder kontra Globalisierung. Es geht um die Chance mitzureden und mitzubestimmen. Für uns als Bürger sind Organisationen wie Attac, Oxfam, Human Rights Watch, Netzpolitik.org oder Greenpeace die einzige wirkungsvolle Lobby. Sie erledigen die Arbeit unserer Politiker, die auch hier nicht in der Lage oder nicht willens sind, den Bürger vernünftig aufzuklären. Sie versprechen uns durch TTIP/CETA mehr Arbeitsplätze, mehr Wohlstand und mehr Sicherheit. Woher wollen sie das wissen, wenn sie die Vertragsunterlagen nicht kennen?

Nach einer Handelsstudie der EU würde TTIP 0,049 % Wachstum generieren. [102] Die Profiteure dieses verschwindend kleinen Wachstums sind wohl nicht die Verbraucher. Seit dem Freihandelsabkommen NAFTA zwischen den USA, Kanada und Mexiko wurden massiv Arbeitsplätze aus den USA nach Mexiko verlagert.[103] In Mexiko verdient ein Fabrikarbeiter in der Automobilzulieferindustrie 97 Pesos, umgerechnet 6 € pro Tag. Der Mexikaner arbeitet drei Tage für den Stundenlohn eines US-amerikanischen Arbeiters. In den USA stagnieren die Löhne. Ein Freihandelsabkommen verschärft also auch den

Wettbewerb zwischen den Arbeitnehmern. Arbeitsplätze werden in Niedriglohnländern geschaffen. Auch hat die NAFTA in Mexiko viele Bauern in den Ruin getrieben. Große amerikanische Agrar- und Lebensmittelkonzerne haben die mexikanischen Preise so unter Druck gesetzt, dass zahlreiche Bauern aufgeben mussten.

Beispiel Zucker: Mexiko hat Zölle erhoben, um das im eigenen Land produzierte Zuckerrohr zu schützen. Drei große US-Konzerne haben den Staat auf mehrere hundert Millionen US-Dollar vor einem privaten Schiedsgericht verklagt und gewonnen. Mexiko musste zahlen und den Zoll abschaffen. Der Weg für Zucker aus US-amerikanischem Mais war frei.

Beispiel Verkehr: Eine Brücke verbindet Detroit im Norden der USA mit kanadischen Stadt Windsor. Die Verbindung war völlig überlastet und Kanada wollte eine zusätzliche Brücke bauen. Der Besitzer der bestehenden Brücke verklagte Kanada auf 3,5 Mrd. US-\$ Schadensersatz für Gewinneinbußen – mit Erfolg. [104] So hat ein Freihandelsabkommen ein Monopol erhalten.

Nicht fair, nicht gerecht

TTIP und CETA stärken die Macht und den Einfluss großer Konzerne enorm und die Verbraucher bleiben auf der Strecke. Reiche und Superreiche vervielfachen ihr Einkommen, der Normalverdiener verliert Kaufkraft. TTIP und CETA fördern massiv die

Umverteilung von unten nach oben. Es gilt das Recht des Stärkeren. Verlierer sind neben den amerikanischen die europäischen Verbraucher. Auch werden Asien, Afrika und Südamerika aus einem Raum ausgeschlossen, der fast die Hälfte des Welthandels kontrolliert. Dies ist höchst ungerecht. Jeder Politiker, der ein Gewissen hat, sollte sich für ein faires und ausgeglichenes Abkommen bemühen.

Die EU versprach sich von TTIP einen durchschnittlichen Vorteil von 500 € pro Jahr und Haushalt. Wie aber sind die Vorteile verteilt? In den letzten zehn Jahren ist in Europa das untere Lohnniveau um 17 % gestiegen, die Spitzenlöhne haben sich aber um 30 % erhöht. In Mexiko ist es noch dramatischer: Seit Bildung der NAFTA sind die niedrigen Löhne um 6 % gestiegen, die Spitzengehälter aber um 60 %. Auch unterlag die mexikanische Wirtschaft der übermächtigen US-amerikanischen Wirtschaft. In der gleichen Zeit hat sich die Zahl der Armen in Mexiko auf 50 % der Einwohner erhöht.[105]

Eine Mehrheit für TTIP- und CETA-Abkommen gibt es in der europäischen Bevölkerung nicht. Jeder Politiker sollte sich daher für einen Volksentscheid einsetzen. Auch sollten beide Abkommen zeitlich begrenzt werden. Am besten wäre es aber, die Verhandlungen ganz zu stoppen, bis die europäischen Bürger substanziell eingebunden werden. Nutzen und Gefahren der Abkommen müssen offen debattiert und gegeneinander abgewogen werden. Wir dürfen Europa nicht dem neokapitalistischen Raubzug überlassen!

Rentenpolitik

Ein Arbeitnehmer, der für 12 € Stundenlohn 45 Jahre lang arbeitet, bekommt eine Rente, die gerade einmal die Höhe des Sozialhilfesatzes entspricht. Nur noch 43 % des letzten Bruttoverdienstes werden ausgezahlt. Die Altersrente berechnet sich nach folgender Formel:

Monatliche Rentenhöhe = Entgeltpunkte x Zugangsfaktor x aktueller Rentenwert x Rentenartfaktor

Entgeltpunkte werden nach der Höhe der Einzahlungen berechnet, d. h., ein Durchschnittsverdiener mit einem durchschnittlichen Versicherungsbeitrag erhält 1,0 Endgeldpunkte. Wer mehr einzahlt, erhält entsprechend mehr Entgeltpunkte, wer weniger als den Durchschnitt einzahlt, bekommt weniger und somit später weniger Rente. So wird die Höhe der Einzahlung berücksichtigt.

Der *Zugangsfaktor* beschreibt den Renteneintritt und beträgt bei einer Beitragszahlung von 45 Jahren den Wert 1. Für jeden Monat, den der Versicherte früher in Rente geht, werden 0,003 Punkte abgezogen. So wird die Zeit der Beitragszahlung berücksichtigt.

Der aktuelle Rentenwert lag 2015 bei 29,21 € für Westdeutschland und 27,05 € für Ostdeutschland. Er passt die Rentenhöhe den Lebenserhaltungskosten bzw.

der Inflation an. Warum nach einem Vierteljahrhundert deutscher Einheit immer noch zwischen Ost und West unterschieden wird, ist nicht zu verstehen. Dann müsste auch das Einkommensgefälle zwischen Nord und Süd berücksichtigt werden.

Der *Rentenfaktor* beschreibt die Art der Rente. Bei der Altersrente beträgt der Rentenfaktor 1, der Erwerbsminderungsrente 0,5, der Witwenrente 0,55, der Vollwaisenrente 0,2 und der Halbwaisenrente 0,1.

Das gesetzliche Rentenversicherungssystem war einmal eine runde Sache. Sie wurde bereits Ende des 19. Jahrhunderts von Reichskanzler Otto von Bismarck eingeführt. Leider geht die Rechnung heute nicht mehr auf. Früher war die Bevölkerung wesentlich jünger und mehr Arbeitnehmer finanzierten mit ihren Rentenbeiträgen weniger Rentner. Heute altert unsere Gesellschaft schnell. Weniger Arbeitnehmer müssen immer mehr Rentner finanzieren. Auch befinden sich viele Arbeitnehmer in prekären Beschäftigungsverhältnissen. Aufgrund ihres geringen Einkommens zahlen sie auch nur niedrige Beiträge in die Rentenkasse ein.

Durch den medizinischen Fortschritt werden wir immer älter, die Rentenbezugsdauer wächst. Da die gesetzliche Rente auf einem Generationenvertrag basiert, funktioniert das System nicht mehr. Generationenvertrag bedeutet, dass die Bevölkerung, die erwerbstätig ist, die Renten der Älteren finanziert.

Inzwischen wird das Rentensystem auf Pump finanziert und die Rentner müssen sich mit niedrigeren Renten abfinden. Es entsteht eine Versorgungslücke, d. h., bei Renteneintritt hat man etwa die Hälfte des letzten Bruttoeinkommens. Damit muss man aber denselben Lebensunterhalt bewerkstelligen. Generationengerechtigkeit ist nicht mehr gegeben, da bei Renteneintritt der heutigen Beitragszahler immer mehr Rentner von weniger Arbeitnehmern finanziert werden.

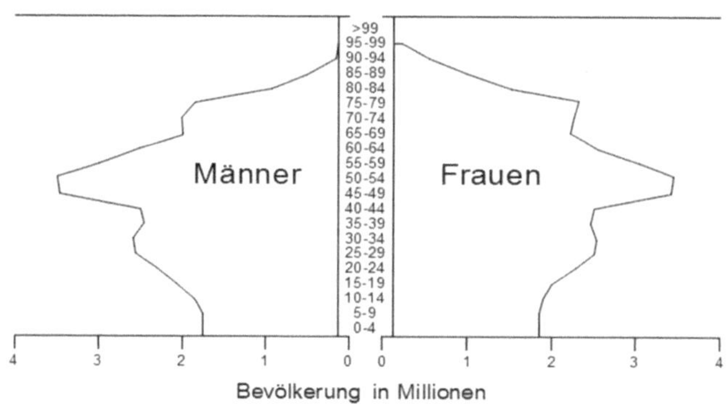

Alterspyramide für Deutschland im Jahr 2015 [106]

Das Diagramm macht deutlich, dass unser gesetzliches Rentensystem nicht für die Zukunft taugt und reformiert werden muss. Durchhalteparolen, wie sie einst Norbert Blüm geprägt hatte, „Unsere Renten sind sicher!", sind nicht mehr tragfähig. Natürlich sind unsere Renten sicher, aber nicht in akzeptabler Höhe. Der Bauch im Diagramm besteht aber auch aus den Wählern. Um diese nicht zu verlieren, wird die Rentenpolitik an deren Interessen angepasst. Die

Interessen der übrigen Generationen werden vernachlässigt.

Um die Versorgungslücke zu füllen, propagierte die Politik die private Altersvorsorge. Die Problemlösung wurde individualisiert, obwohl sie eine gesamtgesellschaftliche Aufgabe ist. Denn immer weniger Erwerbstätige verfügen über ausreichende Rücklagen.

Die wenigen Arbeitnehmer, die privat vorsorgen können, werden auf andere Art und Weise um ihr Erspartes gebracht. Die Niedrigzinspolitik ist ein zusätzlicher finanzieller Raubzug gegen die künftigen Rentner. Dem deutschen Sparer sind 2010–14 rund 190 Mrd. € Zinsen entgangen. Zieht man 78 Mrd. € ab, die aufgrund des niedrigen Zinsniveaus für Immobiliendarlehen genutzt wurden, bleiben immer noch 112 Mrd. € übrig.[107] Diese Summe benötigt der Bundesfinanzminister für seine „schwarze Null“. Der künftige Rentner soll privat vorsorgen, wird aber um seine Zinsen betrogen.

Auch die Riester-Rente ist eine Mogelpackung, da der Rentner die Erträge komplett versteuern muss. Je nach Steuersatz zahlt er also die frühere staatliche Förderung mehr oder minder zurück. Da Vorhersagen über künftige Zahlungsströme kaum kalkulierbar sind, kann der Riester-Sparer seinen Ertrag nur in einer Kristallkugel ablesen. Die Politik verspricht allerdings eine ordentliche Zusatzrente und lobt ihre eigenen fragwürdigen Kreationen. Aber wer will einen Politiker zur Rechenschaft ziehen, wenn nach 40 Jahren die private Rente nicht so sprudelt, wie man es einst versprochen hat.

Die Förderung der Riester-Rente ist auch verloren, wenn man als Rentner ins außereuropäische Ausland zieht. Die Riester-Rente erlischt nach dem Tod des Sparers. Stirbt er vor dem Renteneintritt, wird nur der Sparbeitrag vererbt, die Förderung bleibt außen vor. Außerdem wird dem Riester-Rentner mit geringem Einkommen die Riester-Rente bei der Aufstockung auf die Grundsicherung angerechnet. Er hat dann dasselbe Einkommen wie ein Rentner, der keinen Riester-Vertrag hatte.

Zu guter Letzt schlägt die Politik noch sehr spezielle Kapriolen. Die „Mütterrente" war 2013 ein Wahlkampfthema. Das Thema wurde von der CSU ausgeschlachtet. Es ging darum, Eltern, meistens Müttern, mit vor 1992 geborenen Kindern zu begünstigen: Für jedes Kind sollte die Rente um 28–29 € erhöht werden. Diese Anerkennung zusätzlicher Erziehungszeiten wurde am 1.7.2014 eingeführt. Grundsätzlich ist das ein guter Ansatz, denn die Eltern dieser Kinder haben sehr zum Wohlstand unserer Gesellschaft beigetragen. Die Krux ist nur, dass die Betragszahler auf eine Beitragssenkung verzichten mussten. Richtig wäre es gewesen, wenn der Steuerzahler für die „Mütterrente" zahlt, denn das ist eine gesamtgesellschaftliche Verpflichtung.

Willkür bestimmt die Rentengesetzgebung. Generationengerechtigkeit gerät unter die Räder. Politiker schielen auf ihre Wiederwahl. Der Wähler sollte daher darauf gefasst sein, dass die Rentenpolitik zur Stimmungsmache missbraucht wird. Wenn der heutige Beitragszahler in Rente geht, genießt der verantwortliche Politiker längst üppige Altersbezüge.

Lobbyismus

Lobbyisten vertreten mit geballter Kraft die Interessen der Wirtschaft. Sowohl in Berlin als auch in Brüssel haben sie einen unverhältnismäßig großen Einfluss. Ihre Gesetzesvorschläge werden oft unverändert von unseren Politikern übernommen, was der entsprechenden Branche erhebliche Vorteile verschafft. Die Interessen der Wähler stehen nicht im Vordergrund.

In Berlin sind 2286 Lobbygruppen unterwegs, ca. 1000 haben einen Ausweis für den Deutschen Bundestag mit direktem Zugang zu den Abgeordnetenbüros. Der Bundestag hat hierzu eine Liste veröffentlicht. [108] Die Liste hat einen großen Erkenntniswert. Als Interessenvertretungen der Banken sind 14 Lobbygruppen aufgeführt. 22 vertreten die Lebensmittelbranche, darunter der Bundesverband der Deutschen Süßwarenindustrie e.V., die Bundesvereinigung der Deutschen Ernährungsindustrie e.V., der Bundesverband der Industrie- und Handelsunternehmen für Arzneimittel, Reformwaren,

Nahrungsergänzungsmittel und kosmetische Mittel e.V. oder der Honig-Verband e. V. Man erfährt aus dem Verzeichnis auch etwas über die Zukunftsaktion Kohlegebiete e. V.[109] Die Aufgabe dieses Vereins ist u. a. die Erhaltung von Stein- und Braunkohle als nationaler Sicherheitsreserve zur Energieversorgung. So wissen wir auch, warum Ex-Wirtschaftsminister Gabriel 1,6 Mrd. € für die Sicherheitsreserven spendiert hat.

Bei LobbyControl ist nachzulesen, dass sich der Lobbyismus bereits auf die Schulen ausgebreitet hat:

„Der Weg in die Schulen wird professionell organisiert. Unternehmen und Verbände drängen in die Schulen und werben für ihre Interessen und Produkte. Spezialisierte Agenturen bieten die Beeinflussung von Kindern und Jugendlichen und Werbung im Schulumfeld als Dienstleistung an". Weiter heißt es: "Das Problem: Die Inhalte werden an den Zielen der Lobbyisten ausgerichtet und sind entsprechend einseitig. Schulen werden für die Meinungsmache einzelner Interessengruppen instrumentalisiert. Es ist höchste Zeit zu handeln. Unsere Forderung: Die Politik muss wirksame Maßnahmen gegen Meinungsmache an Schulen ergreifen. Auch die Eltern, LehrerInnen und Schüler müssen die Aktivitäten an Schulen kritisch hinterfragen."[110] Unsere Kinder werden manipuliert, damit Unternehmen ihre Gewinne erhöhen können. Das ist moralisch fragwürdig.

Die Lobbyproblematik in unseren Schulen ist auf die mangelnde Finanzierung des Bildungssystems durch den Staat zurückzuführen. So springen Lobbygruppen ein und erhalten im Gegenzug das Recht, für sich zu werben. Die Eltern der Schüler haben keinen Einfluss darauf und kein Mitspracherecht. Bezieht man die gesetzlich vorgeschriebene Schulpflicht in die Betrachtung ein, werden Eltern gleichsam gesetzlich verpflichtet, ihre Kinder am staatlich verordneten Lobbyismus teilnehmen zu lassen. Außerdem werden Bildungsaufgaben im staatlichen Schulsystem privatisiert.

Auch haben sich Lobbyisten der Lebensmittelindustrie in Berlin und Brüssel gut positioniert. So hat man den Lebensmittelherstellern gestattet, ihre Werbung für die Produkte, die für Kinder bestimmt sind, an einer Selbstverpflichtung zu Kindernahrungsmitteln auszurichten. Dadurch sollten nur gesunde Nahrungsmittel im Kinderprogramm beworben werden. Tatsächlich weisen 90 % der beworbenen Kinderprodukte zu viel Zucker und Fett auf.[111] Die Lobby hat auch erfolgreich verhindert, dass Verpackungen mit einer „Nahrungsmittelampel" versehen werden. Damit hätte der Verbraucher auf sehr einfache Weise gesunde und ungesunde Nahrungsmittel voneinander unterscheiden können. So gibt uns weiterhin Kleingedrucktes unverständliche Informationen über Inhaltsstoffe.

Korruption (von lateinisch „corruptus" = bestochen') im juristischen Sinn ist der Missbrauch einer Vertrauensstellung in Verwaltung, Justiz, Wirtschaft und Politik oder auch in nichtwirtschaftlichen Vereinigungen oder Organisationen (z. B. Stiftungen), um einen materiellen oder immateriellen Vorteil zu erlangen, auf den kein rechtlich begründeter Anspruch besteht.[112] Deutsche Politiker beschweren sich zurecht, dass Griechenland so korrupt ist, dass es zum Himmel über der Akropolis stinkt. In Deutschland und im restlichen Europa ist es nicht anders, spielt sich jedoch nur auf höheren Niveau ab. Korruption wird Lobbyismus genannt. Das Prinzip ist dasselbe. Gezahlt wird nur nicht direkt und bar auf die Hand, sondern subtiler und verdeckt, etwa mit Aufsichtsratsposten und beruflichen Perspektiven.

Näheres dazu im nächsten Kapitel „Aufsehenerregende Wechsel".

Aufsehenerregende Wechsel

2014 sorgte der Wechsel des ehemaligen Bundesgesundheitsministers (2011–13) Daniel Bahr (FDP) zum Versicherungskonzern Allianz für Diskussionen. Er wurde Generalbevollmächtigter der Allianz Private Krankenversicherung für Leistungsmanagement und Vertriebskoordination. Nun konnte der die Gesetze, die er vorher in die Wege geleitet hat, umsetzen und seinen Verdienst nochmals aufstocken. Zuvor geriet Ex-Entwicklungshilfeminister Dirk Niebel (FDP) wegen einer Beratungstätigkeit bei Rheinmetall in die Kritik. Seit 2015 ist er als Lobbyist für den deutschen Rüstungskonzern unterwegs. Auch die Wechsel von Kanzleramtsminister (2009–13) Ronald Pofalla (CDU) als Lobbyist für die Deutsche Bahn (ab 2015) und des Staatsministers im Kanzleramt Eckart von Klaeden (CDU) 2013 zum Automobilhersteller Daimler waren umstritten. Kurt Beck (SPD) übernahm 2013 nur wenige Monate nach seinem mit gesundheitlichen Problemen begründeten Rücktritt als rheinland-pfälzischer Ministerpräsident einen Beraterjob beim Pharmakonzern Boehringer Ingelheim. Philipp Rösler, 2011–13 Bundeswirtschaftsminister ist im Vorstand des Weltwirtschaftsforums in Davos. Rainer Brüderle, 2011–13 FDP-Fraktionsvorsitzender im Bundestag, ist Vorstandsvorsitzender des Bundes der Steuerzahler Rheinland-Pfalz. Katherina Reiche, 2009–13 Parlamentarische Staatssekretärin im Verkehrsministerium, wechselte 2015 zum VKU – Verband Kommunaler Unternehmen. Laut faz.net kämpft der VKU um Zugriffsrechte zur Müllverwertung und um Sonderprämien für fossile Kraftwerke. [113] Dabei ist der Kontakt zu ehemaligen Kollegen in Bundesministerien sicher sehr hilfreich …

„Korruption ist der Missbrauch einer Vertrauensstellung einer politischen Funktion". – der ehemalige Gesundheitsminister Bahr, wechselte zu einem Versicherungskonzern, der

Krankenversicherungen verkauft. Niebel war während seiner Amtszeit im Bundessicherheitsrat, der über Waffenexporte entscheidet. Heute macht er Lobbyarbeit in einem deutschen Rüstungsunternehmen.

Der zweite Teil der Definition von Korruption lautet: „ ... um einen materiellen oder immateriellen Vorteil zu erlangen, auf den kein rechtlich begründeter Anspruch besteht". Alle genannten Personen erhalten für ihre neuen Posten ein stattliches Gehalt, welches wohl ihr voriges übersteigt. Dadurch ist ihnen ein manifester Vorteil entstanden, allerdings auf sehr diskrete Weise: Kein Koffer mit Banknoten wurde übergeben, kein Schein wechselte die Jackentasche.

Es dauerte 15 Jahre, bis sich unsere Politiker eine Karenzzeit auferlegten. Und das nur halbherzig, weil diese Regelung zwar Minister und Staatssekretäre umfasst, nicht jedoch Abgeordnete. Das Gesetz ist am 25. Juli 2015 in Kraft getreten. Das Gremium, das nach diesem Gesetz zu bilden ist und über eine Karenzzeit eines Wechselwilligen entscheidet, war ein Jahr später noch nicht zusammengestellt.[114]

Politiker als Wirtschaftsfreunde

Unsere Politiker stärken die Wirtschaft, auch um ein Fundament für die eigene Karriere nach dem Ausscheiden aus der Politik zu legen. Diese Mischung aus Macht, Feudalismus und Vetternwirtschaft ist eine Belastung für unsere Demokratie.

Ein weiteres Beispiel: Das aus dem Arbeitsministerium kommende „Tarifeinheitsgesetz" setzt sich vordergründig für die Arbeitnehmer ein, bewirkt aber genau das Gegenteil. Im Mai 2015 wurde es im Bundestag mit 306 zu 142 verabschiedet. In Betrieben, in denen es mehr als ein Tarifvertrag für eine Berufsgruppe gibt, gilt nur noch der Tarifvertrag mit der mitgliederstärksten Gewerkschaft. Die kleinen Arbeitnehmervertretungen werden aussortiert. In Wirklichkeit schützt das Gesetz die Deutsche Bahn – nicht verwunderlich, ist das Unternehmen doch zu 100 % in Staatsbesitz. Mit dem Tarifeinheitsgesetz wird der Wähler in die Irre geführt. Es schränkt das Grundrecht der Gewerkschaftsfreiheit ein, wird aber als arbeitnehmerfreundlich verkauft. Mehrere Gewerkschaften haben deshalb zurecht Verfassungsbeschwerde eingereicht. Zurzeit beschäftigt sich das Bundesverfassungsgericht damit. Wirtschaftsfreundlich und zugleich verbraucherfeindlich ist auch die Energiepolitik (siehe Kapitel „Energiepolitik"). Bei den Verhandlungen zum Freihandelsabkommen TTIP (siehe Kapitel TTIP/CETA – Ausverkauf europäischer Interessen") haben die Interessen von Großunternehmen einen hohen Stellenwert.

Der gläserne Bürger

In den USA wird gelauscht, was das Zeug hält. Unter dem Vorwand staatlicher Sicherheit geschieht dies in

Deutschland ebenfalls. Ob Kommunikationsdaten auf Vorrat gespeichert werden oder Finanzämter Zugang zu jedem Konto haben, um Steuerhinterziehung zu bekämpfen. In Frankreich hat die Vorratsdatenspeicherung Anschläge und Attentate nicht verhindert. Kontoabfragen deutscher Finanzämter vermeiden auch nicht Steuerhinterziehung, da diejenigen, die Steuern im großen Stil hinterziehen, ihre Konten im Ausland haben.

Eine gewaltige Datenquelle ist das Internet, und welche Daten wir preisgeben, liegt zum größten Teil in unserer eigenen Verantwortung. Es ist bequem, mit einigen Mausklicks z. B. Bestellungen aufzugeben. Deshalb muss jeder für sich entscheiden, welche und in welchem Umfang er persönliche Daten weitergibt. Gepostete Fotos z. B. enthalten z. B. Informationen über den Entstehungsort – metergenau. Aufgrund öffentlich zugänglicher Daten über Personen in den sozialen Netzwerken können Bewegungsprofile erstellt, Verhalten rekonstruiert, ja vorausgesagt werden. Man sollte sich überlegen, ob man dies tut.

Die junge Generation beurteilt Chancen und Risiken sicher anders als ihre Eltern. Sie wachsen mit Facebook, WhatsApp und Snapshot auf und erachten sie für wichtiger als ein gutes Buch. Auch ist der Staat nicht weit, wie das Beispiel USA zeigt.

Dort haben Facebook, Google, Yahoo und Microsoft Informationen über ihre Nutzer an die NSA weitergegeben, teils auf unsicherer und umstrittener

Rechtsgrundlage. Nachdem bekannt geworden war, dass die NSA ein Schnüffelprogramm namens „Prisma" zum Ausspähen nutzt, hieß es vonseiten der Amerikaner, dass die eigene Bevölkerung damit nicht ausgespäht würde, sondern nur ausländische Internetnutzer. Durch das TTIP-Abkommen mit der EU bestünde die Gefahr, dass die USA noch leichter an Daten von Europäern kommen. Auch werden europäische Geheimdienste und Behörden diese Daten dann zu nutzen wissen.

Datenspionage entwickelt sich schleichend. Nach jedem Terroranschlag erhebt sich eine Diskussion über neue oder schärfere Sicherheitsgesetze, die dann, wie die Erfahrung zeigt, auch nicht wieder rückgängig gemacht werden, sollte die Gefahr sich verringern. Auf der anderen Seite muss man davon ausgehen, dass schnell zusammengeschusterte Gesetze nicht mehr Sicherheit bringen. In Frankreich wird der Ausnahmezustand stetig verlängert, mit großen Gefahren für die bürgerlichen Freiheiten. Ob er weitere Terrorakte verhindert, steht in den Sternen.

In den USA wurde Edward Snowden, der die NSA-Lauscher verraten hat, als Verbrecher hingestellt. Tatsächlich hatten die NSA und der amerikanische Staat per Gesetz die Internetkonzerne gezwungen, ihre Daten zur Verfügung zu stellen, und sie waren auch gesetzlich zur Geheimhaltung verpflichtet. Die deutschen Dienste arbeiten mit den Amerikanern zusammen, was zur Verhinderung von

Terroranschlägen unbedingt erforderlich ist. Man hat allerdings den Eindruck, dass einige Überwachungsmaßnahmen mit Sicherheit oder Terrorbekämpfung nicht mehr zu erklären sind. Ist das Hilflosigkeit oder nur eine gute Gelegenheit, die eigenen Bürger auszuspionieren?

Grundsätzlich sind Staat und Wirtschaft bei der Erhebung persönlicher Daten beteiligt. Der Staat bedient sich einer harten Gangart, indem unsere Parlamentarier Gesetze zur Vorratsdatenspeicherung, zu Lauschangriffen, zu Online-Durchsuchungen etc. beschließen. Auch wenn Maßnahmen auf dieser Grundlage von der Justiz zum Teil genehmigt werden müssen, ist anzumerken, dass Richter aufgrund von fehlenden Fach- und Fallkenntnissen häufig nicht in der Lage sind, die Notwendigkeit zu beurteilen. Unbegrenzten Zugriff auf Bankkonten haben die Finanz- und die Arbeitsämter. Dazu ist keine Zustimmung eines ordentlichen Gerichts nötig. Der Kontoinhaber wird nicht informiert. Auch weiß keiner über das Ausmaß eines solchen Datentransfers Bescheid.

Der Staat hat sich damit Möglichkeiten zur Ausspähung geschaffen. Zusätzlich beschafft er sich Informationen bei der Wirtschaft. Direktmarketingfirmen und Adresshändler sammeln Daten, um uns dann mit maßgeschneiderter Werbung zu attackieren. Diese Firmen erstellen Konsumprofile, Bewegungsprofile, Sozialprofile und Persönlichkeitsprofile, ohne dass der

Betroffene etwas davon weiß. Dazu werden Adressen und Familienstand, Informationen zu Milieu, Konsumvorlieben, Bonität, politischer Einstellung und Charaktermerkmalen gespeichert.

Diese Daten werden auch an Unternehmen verkauft, die ein bestimmtes Interesse der Person ableiten und Werbung entsprechend des Milieus, Konsumvorlieben und Bonität der Person versenden können. Die Deutsche Post kann z. B. Listen von jungen weiblichen Singles erstellen, denen man dann Werbung für Kosmetik, Klingeltöne oder Zeitschriften zuschickt. Je genauer die persönlichen Profile, desto größer der Verkaufserfolg. Die Informationen kommen meist von Marketingforschungsinstituten, die mit Versicherungen, Versandhäusern, Banken und der Schufa zusammenarbeiten. Auch über Internetportale, Kunden- und Payback-Karten, Reiseveranstalter und die Deutsche Bahn werden Daten erhoben und weitergegeben. Man sollte sich also sehr gut überlegen, ob man für einen Cent Rabatt, mehr ist es oft nicht, seine persönlichen Daten weitergibt, um dann mit Werbung bombardiert zu werden.

Zu den Schwergewichten der Datenhändler gehören die Deutsche Post und sicherlich auch die Schufa, die Massen von sensiblen Bonitätsdaten fast aller Verbraucher in ihrem Bestand haben. Der Staat ist zu 21 % an der Deutschen Post beteiligt und hat unbestritten ein enges Verhältnis zu dem Unternehmen. Man kann also davon ausgehen, dass bei staatlichen

Anfragen entsprechende Daten auch weitergegeben werden. Das ist im Grunde die gleiche schlechte Konstellation wie in USA mit Google & Co. Werden entsprechende Daten bei staatlichen Anfragen weitergegeben?

Ein Beispiel für die Weitergabe personenbezogener Daten an staatliche Behörden ist folgender Fall: Ein Berliner Professor, der für seine wissenschaftlichen Arbeiten nach bestimmten Schlagwörtern im Internet gesucht hat, ist in eine Falle des Bundeskriminalamts getappt. Völlig unschuldig saß er 30 Tage in Untersuchungshaft. Vorher waren seine Reisedaten bei der Deutschen Bahn abgefragt worden. Die Antwort zu Zeiten, Zielen und Zahlungen kam prompt. Er war im Besitz einer Bonuskarte der Deutschen Bahn …[115]

Die Ausspähung derartiger Daten hat man zum Teil selbst in der Hand, obwohl es schwer ist, den Alltag zu bewältigen, ohne „elektronische Spuren" zu hinterlassen. Man hat sich an Handy, GPS, Internet, Chipkarten etc. gewöhnt, sodass man meint, darauf nicht mehr verzichten zu können. Hinzu kommen Videoaufzeichnungen an viele öffentlichen Plätzen, die Gesichter oder auch Nummernschilder erkennen lassen. Jedenfalls sollte man sich immer bewusst sein, welche Konsequenzen Datensammeln haben kann.

Mit einem Urteil vom Oktober 2015 hat der Europäische Gerichtshof den europäischen Politikern eine schallende Ohrfeige verpasst. Nach Auffassung des EuGH verstößt der Datenaustausch zwischen den

USA und der EU gegen europäische Regeln. Geklagt hatte ein Bürger aus Österreich. Er verlangte Datenschutzüberprüfungen durch nationale Gerichte und Behörden. Anlass war die Übertragung von Nutzerdaten durch die in Irland ansässige Europa-Präsenz von Facebook in die USA. Einen solchen Datentransfer hatte ein Abkommen mit dem Namen „Safe Harbor" (Sicherer Hafen) möglich gemacht. Das Abkommen widersprach aber der EU-Datenschutzrichtlinie. „Der Gerichtshof erklärt die Entscheidung der Kommission, in der festgestellt wird, dass die Vereinigten Staaten von Amerika ein angemessenes Schutzniveau übermittelter personenbezogener Daten gewährleisten, für ungültig", heißt es in dem Urteil. [116] Danach sind Transfers persönlicher Daten außerhalb der EU nur dann zulässig, wenn dort ein vergleichbares rechtliches Datenschutzniveau herrscht. Auch hatte nach Auffassung des EuGH die EU-Kommission ihre Befugnisse überschritten, als sie das Abkommen mit den USA schloss. Demnach können Übermittlungen europäischer Facebook-Daten auf US-Server ab sofort verboten werden. Durch diese Entscheidung wird es für Unternehmen in Zukunft schwieriger, Daten in die USA zu übermitteln.

Seit 2013 bereits bastelt die EU-Kommission mit den USA an einer neuen Vereinbarung: EU-US Privacy Shield. Sie trat im Juli 2016 in Kraft, wurde allerdings sogleich wieder angefochten. Man wusste also, dass die bestehende Vereinbarung rechtswidrig war, suspendierte sie trotzdem nicht oder schaffte sie nicht ab. Bezeichnenderweise hieß es: „Das Urteil gebe Rückenwind für die laufenden Verhandlungen". 117 Fazit: Ein solches Vorgehen missachtet unsere Grundwerte, die auch von unseren Politikern immer wieder betont werden und offenbart ein unerträgliches Maß an Ignoranz oder Unfähigkeit.

Ein interessanter Vorgang ereignete sich 2007/08. Nach mehreren Datendiebstählen bei Unternehmen legte der damalige Innenminister Wolfgang Schäuble einen Entwurf für ein neues Datenschutzgesetz vor. Kundendaten sollten nur noch mit ausdrücklicher Zustimmung des Betroffenen weitergegeben werden. Das wollte die Branche natürlich verhindern, da dies ihre Arbeit wesentlich erschwert: Sie müssten jeden Betroffenen extra befragen, ob sie seine Daten verarbeiten und weitergeben dürfen.

Die Lobby der Direktmarketingbranche und Adresshändler traf sich beim „parlamentarischen Frühstück" im Berliner Hotel Adlon mit 33 Bundestagsabgeordneten und Marketingfachleuten. Ergebnis war: Der Gesetzesentwurf des Bundesinnenministeriums wurde vom Tisch gefegt.118 Entscheidend beteiligt war der Deutsche Dialogmarketing Verband e.V., Nr. 986 in der oben erwähnten Lobbyisten-Liste. Vielleicht haben auch Nebenverdienste eines Parlamentariers, z. B. im Verlag für die deutsche Wirtschaft mit

Aufsichtsratsvergütungen über 7000 € pro Jahr, zu dieser Entscheidung beigetragen …

Wahlbeteiligung

Im Dezember 2014 gab die SPD-Generalsekretärin Yasmin Fahimi der Tageszeitung „Die Welt" ein Interview, in dem es um die sinkende Wahlbeteiligung ging. Danach will sich die Politikerin nicht mit einer Wahlbeteiligung von möglichen 50 % abfinden. Sie möchte ein neues Verfahren, um der sinkenden Beteiligung entgegenzuwirken: Wahlen sollen eine Woche dauern und nur noch alle fünf Jahre stattfinden. Außerdem soll an öffentlichen Orten, etwa Bahnhöfen, gewählt werden. In dem Interview wirft die Generalsekretärin den Wählern Bequemlichkeit und Faulheit vor. Sie möchte deshalb mit dem Wahllokal zu ihnen kommen.[119] Diese Vorschläge beseitigen nicht die grundsätzlichen Ursachen der „Wahlmüdigkeit". Eine bessere Lösung wäre es, gute Politik zu machen. Die Generalsekretärin übertrifft mit ihrer Analyse eindeutig das erlaubte Maß an Arroganz.

Eine kleine Analyse zur Wahlbeteiligung, zunächst bei den letzten Wahlen zum Europäischen Parlament:

Beteiligung an Europawahlen[120]

Jahr	Anteil (%) Deutschland	Anteil (%) EU
1979	65,7	62,0
1984	56,8	59,0
1989	62,3	58,4
1994	60,0	56,7
1999	45,2	49,5
2004	43	45,5
2009	43,3	43,0
2014	48,1	42,5

Wahlbeteiligung bei den Europawahlen 2014

In der Südwestpfalz wurde 2014 mit 66,9 % die höchste Wahlbeteiligung in Deutschland festgestellt, im Landkreis Regen (Bayern) mit 26,4 % die niedrigste.[121]

Die Europapolitik war also weit weg vom Bürger und wurde als relativ unwichtig (für die eigenen Belange) angesehen. Die meisten fühlten sich von „Brüssel" einfach nicht vertreten. Die Posten in der EU-Kommission waren vor den Wahlen auf die Mitgliedsstaaten verteilt worden, sodass der Wähler keinen Einfluss auf die Zusammensetzung der Exekutive hatte. Das ist europäisches Vertragsrecht, die Europawahl erschien nicht als Ausdruck in einer lebendigen (europäischen) Demokratie. Im Gegenteil.

Mehr als die Hälfte der Wahlberechtigten blieb der Abstimmung fern, sodass die politische Legitimation der Abgeordneten durchaus infrage steht. Ein Vergleich: Die Große Koalition hatte bei der Bundestagswahl

2013 mit rund 60 % der abgegebenen Stimmen eine deutliche Mehrheit. Wenn man jedoch die 28,5 %[122] der Nichtwähler in die Rechnung einbezieht, kam die CDU/CSU statt 41,5 % nur auf einen Anteil von knappen 30 % und die SPD statt 25,7 % nur 18,4 %. So gerechnet, erhielt die Koalition nur 48,8 %. Kann eine Regierung mit weniger als 50 % Zustimmung als demokratisch bezeichnet werden?

Beteiligung an Bundestagswahlen[123]

Jahr	Anteil (%)	
1953	86,0	früheres Bundesgebiet und West-Berlin
1957	87,8	
1961	87,7	
1965	86,8	
1969	86,7	
1972	91,1	
1976	90,7	
1980	88,6	
1983	89,1	
1987	84,3	
1990	77,8	Gesamtdeutschland
1994	79,0	
1998	82,8	
2002	79,1	
2005	77,7	
2009	70,8	
2013	71,5	

Bis 1987 Westdeutschland und West-Berlin

Die eingebrochene Wahlbeteiligung bei der Bundestagswahl 1990 war zum Teil auf die geringe Wahlbeteiligung in den neuen Bundesländern zurückzuführen. Die Wähler aus den alten Ländern fühlten sich auch nicht durch die vorangegangene Politik vertreten. Sie befürchteten (im Nachhinein mit Recht) enorme Kosten durch die deutsche Vereinigung.

Besser und demokratischer wäre es gewesen, über die Wiedervereinigung getrennte Volksabstimmungen in beiden Teilen der Republik entscheiden zu lassen.

So wurden in den neuen Ländern Milliarden investiert, ein Teil ist in schwarzen Löchern verschwunden, einige „Investoren" haben sich bereichert. Dieser „Ausverkauf" hat die ostdeutschen Wähler verschreckt; für viele gab es auch keine Perspektive auf dem Arbeitsmarkt. Es reicht eben nicht, Milliarden in eine neue Infrastruktur zu investieren, auch müssen neue Arbeitsplätze geschaffen werden. Die DDR-Wirtschaft war marode und wenig konkurrenzfähig und die Betriebe wurden durch die Treuhandanstalt nur abgewickelt statt diese für die Zukunft zu rüsten. Diese Aufgaben haben die verschiedenen Bundesregierungen nicht besonders eindrucksvoll gemeistert. Statt zu bleiben, bauten sich vor allem die jüngeren Ostdeutschen eine neue Existenz im Westen auf; die Alten blieben zurück. Die Einwohnerzahlen in den meisten Städten und Gemeinden gingen spürbar zurück. So haben sich vor allem die „Vergessenen" der Politik entfremdet.

Nach Kriegsende war die Wahlbeteiligung in den Bundesländern des früheren Bundesgebiets stetig angestiegen, bis bei der Bundestagswahl 1976 Beteiligungen von deutlich mehr als 90 % erreicht wurden. Nur in Bayern und Baden-Württemberg wurde 89,1 % bzw. 89,6 % erreicht. Bei der ersten Bundestagswahl nach der Wiedervereinigung nahm die

Beteiligung in Saarland nur um 2,2 % ab, in Bayern um 7,3 %. Bei den folgenden Wahlen bis 2013 lag der Rückgang im Saarland bei bemerkenswerten 12,2 %. Insgesamt lag die Abnahme der Wahlbeteiligung in diesen Bundesländern von 1987 bis 2013 zwischen 8,8 % und 14,8 %. In den neuen Bundesländern haben bei der Bundestagswahl 2013 verglichen mit 1990 zwischen 5,4 % und 10,1 % der Wahlberechtigten nicht gewählt.

Jahr	Wahlbe-teiligung	Vorherige Regierung	Gewählte Regierung	Gew. Reg. Parteien
1949	78,5 %	Adenauer - CDU/CSU	Adenauer - CDU/CSU	
1953	86 %	Adenauer - CDU/CSU	Adenauer - CDU/CSU	
1957	87,8 %	Adenauer - CDU/CSU	Adenauer - CDU/CSU	
1961	87,7 %	Adenauer - CDU/CSU	Adenauer/Erhard - CDU/CSU	
1965	86,8 %	Adenauer/Erhard - CDU/CSU	Erhard/Kiesinger - CDU/CSU	
1969	86,7 %	Erhard/Kiesinger - CDU/CSU	Brandt - SPD	SPD/FDP
1972	91,1 %	Brandt - SPD	Brandt/Schmidt - SPD	SPD/FDP
1976	90,7 %	Brandt/Schmidt - SPD	Schmidt - SPD	SPD/FDP
1980	88,6 %	Schmidt - SPD	Schmidt - SPD	SPD/FDP
1983	89,1 %	Schmidt - SPD	Kohl - CDU/CSU	CDU/CSU /FDP
1987	84,3 %	Kohl - CDU/CSU	Kohl - CDU/CSU	CDU/CSU /FDP
1990	77,8 %	Kohl - CDU/CSU	Kohl - CDU/CSU	CDU/CSU /FDP
1994	79 %	Kohl - CDU/CSU	Kohl - CDU/CSU	CDU/CSU /FDP
1998	82,8 %	Kohl - CDU/CSU	Schröder – SPD	SPD/ GRÜNE
2002	79,1 %	Schröder - SPD	Schröder – SPD	SPD/ GRÜNE
2005	77,7 %	Schröder - SPD	Merkel - CDU/CSU	Gr. Koal.
2009	70,8 %	Merkel - CDU/CSU	Merkel - CDU/CSU	CDU/CSU /FDP
2013	71,5 %	Merkel - CDU/CSU	Merkel - CDU/CSU	Gr. Koal.

In den Jahren 1987 und 1990 unter Kanzler Kohl und im Jahr 2009 unter Kanzlerin Merkel erlebte die Wahlverweigerung traurige Höhepunkte. 2009 haben bereits mehr als 18 Millionen Wahlberechtigte darauf verzichtet, ihre Stimme abzugeben. Das hätte schon damals jeden Politiker zum Nachdenken und Gegensteuern veranlassen sollen. Ein großer Teil der Bevölkerung hatte offenbar das Gefühl, nicht mehr in einer Demokratie zu leben.

Bundestagswahlen und Regierungskoalitionen

Jahr	Beteiligung (%)	Regierung vor und nach der Wahl	Anzahl der Nichtwähler
1987	84,3	CDU/CSU-FDP	7.102.688
1990	77,8	CDU/CSU-FDP	13.440.645
2009	70,8	(vor) CDU/CSU-SPD; (nach) CDU/CSU-FDP	18.162.914

Wahlbeteiligung bei Wiederwahl Union/FDP

Selbst nach der Wiedervereinigung, bei der 15.108.578 wahlberechtigte Bürger hinzukamen, sind die Werte gesunken. Bei den Landtagswahlen 2014 in Brandenburg, Sachsen und Thüringen lag die Beteiligung bei oder knapp über 50 %. Jeder zweite Bürger verweigerte sich also.

Ein klarer Bezug besteht zwischen sozialer Situation und Nichtbeteiligung. So wurde festgestellt, dass in Stadtteilen mit hoher Arbeitslosigkeit die Wahlbeteiligung sehr niedrig ist.

Deutlich schwächer fiel die Beteiligung im September 2015 bei den Bürgermeister- und

Landratswahlen in Nordrhein-Westfalen aus. In einigen Vororten von Bonn lag sie sogar nur zwischen 7,86 % und 18 %![124]

Wahl zu Oberbürgermeistern und Landräten in NRW (September 2015)[125]

Stadt/Kreis	Wahlbeteiligung (%)
Kreis Coesfeld	51,8
Bonn	45,1
Münster	44,9
Kreis Steinfurt	41,5
Neuss	38,2
Krefeld	36,7
Oberbergischer Kreis	32,9
Bochum	32,9
Kreis Herford	32,6
Herne	29,9
Euskirchen	29,2
Essen	27,7

Wahlbeteiligung bei den Kommunalwahlen 2015

Der Vertrauensverlust in die Politik ist nicht leicht aufzuhalten, auch wenn unsere Politiker das Gegenteil behaupten. Es ist auch klar, dass die „Hausbesuche" während des Wahlkampfes keine Abhilfe schaffen werden, weil die Politiker nicht glaubhaft machen können, dass sie die Interessen der Bürger auch nach der Wahl vertreten.

Es ist offensichtlich, dass die Politiker hier auf Stimmenfang gehen, wenn sie die Stimmen der Bürger brauchen und sich nachher nicht mehr blicken lassen geschweige denn etwas für diese Wähler tun und deren

Interessen vertreten. Es ist aber auch das gute Recht eines jeden Bürgers, nicht zur Wahl zu gehen, und man kann es ihm auch nicht verübeln. Eine Wahlpflicht für jeden erwachsenen Bürger wäre möglich. Die Politiker müssten dann aber eingestehen, dass sie das Problem der Politikverdrossenheit nicht anders lösen könnten. Davon sollte deshalb eher Abstand genommen werden, denn der Wahlverweigerer würde dann vermutlich eine ungültige Stimme abgeben.

Letztendlich werden immer weniger Personen darüber entscheiden, wer unser Land regiert. Das schmälert die Legitimationsbasis unserer Repräsentanten. Unsere Politiker betonen immer wieder, wie vorteilhaft unsere Demokratie ist. Gerade diese Politiker riskieren Verdrossenheit. Mehr noch: Eine geringe weiter zurückgehende Wahlbeteiligung, die dieselben Politiker zu verantworten haben, gefährden nicht nur die angeblich vorhandene Demokratie, sie schaffen sie ab. Das ist kein Widerspruch und spricht auch dafür, dass wir in einem Machtstaat und nicht in einer Demokratie leben. Dennoch stellt sich die Frage: Wo ist die Grenze? Welche Beteiligung lässt eine Wahl ungültig erscheinen? Ein Parlament wird, egal wie niedrig die Wahlbeteiligung ist, nach dem Wahlergebnis zusammengesetzt. Eine Mindestbeteiligung (Quorum) oder Wahlpflicht gibt es bei Wahlen nicht, egal ob Kommunal-, Landtags-, Bundestags- oder Europawahl. Ist das opportun?

Tatsache ist, dass die Wahlbeteiligung eine Skalierung der Glaubwürdigkeit unserer Politiker ist. Und, die Wahlbeteiligung von 27 % ist nicht nur eine Ohrfeige für die aktuelle Politik, sondern ein empfindlicher Tritt weit unter die Gürtellinie der repräsentativen Demokratie.

Gutes und schlechtes Regieren

Schlechte Politik gründet auf Machtgier und das Verschaffen von Vorteilen zum eigenen Wohl hat negative Folgen für die Bevölkerung. Das wusste man schon im 14. Jahrhundert. In den Jahren 1338/39 entstand im sog. Saal der Neun im Rathaus der italienischen Stadt Siena eine Reihe von Sinnbildern als Fresken. Der italienische Maler Ambrogio Lorenzetti schuf auf drei Wänden Allegorien (Sinnbilder) zum guten Regieren sowie zu den Folgen des guten wie auch des schlechten Regierens. Die meisten mittelalterlichen Fresken haben einen religiösen Hintergrund, die von Lorenzetti jedoch einen zivilen. Deshalb sind sie bemerkenswert.

Das Sinnbild des guten Regierens ist an der Kopfseite des Saales zu sehen. Eine weibliche Figur stellt die Justiz dar. Sie blickt die Verkörperung der Weisheit an. Die Engel auf beiden Seiten stehen für Strafe und Gerechtigkeit. Die Verkörperung der Kommune Siena steht für Frieden, Tapferkeit, Klugheit, Großherzigkeit, Mäßigung und Gerechtigkeit. Darüber sind Barmherzigkeit, Hoffnung und Vertrauen dargestellt.

Die Auswirkungen des guten Regierens sind auf der rechten Wand sichtbar. Auf dem Bildteil, der die Stadt Siena zeigt, sind Arbeit, Gerechtigkeit und Kultur zum Wohle aller zu sehen. Keine tyrannische Regierung stiehlt den Bürgern die Früchte ihrer Arbeit und ihr Geld. Handel und Handwerk erblühen und ein gutes Gemeinwesen ermöglicht Sorglosigkeit und Ausgelassenheit. Der Teil des Freskos, der das ländliche Umland darstellt, zeigt eine blühende und fruchtbare Landschaft. Fleißige Bauern treiben Handel mit der Stadt. Gutes Regierungen schafft also Frieden und Zufriedenheit unter den Menschen.

Schlechtes Regieren ist das Thema der linken Wand. Die Hauptfigur, der „Gerechtigkeit" gegenübergestellt, ist der Teufel als Verkörperung von Tyrannei. Grausamkeit, Verrat, Betrug, Wut, Zank und Krieg beherrschen die Szene, darüber „schweben" Geiz, Hochmut und Eitelkeit. Die Gerechtigkeit liegt gefesselt am Boden. Die Bürger der zerstörten Stadt leiden. Ihre Felder brennen, ihre Häuser verwahrlosen und verfallen.

Zur Gegenwart gibt es Parallelen: In einer Justiz, in der ein Mörder, angeklagt des Totschlags, eine Jugendstrafe von drei Jahren erhält. Die Familie des Opfers ist dagegen lebenslang mit ihren Erinnerungen geschlagen. Wird ein Passant von einem Hooligan krankenhausreif geschlagen, wird der Täter zwar verurteilt. Kann er die Gerichtskosten nicht zahlen, wird das Opfer zur Kasse gebeten. Dies hat die Landeskasse NRW von Hooligan-Opfern verlangt, weil der Täter mittellos war. Das sind Recht und Rechtsprechung. Wo aber bleibt die Gerechtigkeit?

Ein Gerichtsverfahren wird häufig mithilfe von Gutachten und Gegengutachten geführt. Versicherte, die ihr Recht gegen eine Versicherungsgesellschaft oder gegen eine Berufsgenossenschaft durchsetzen wollen, werden auf diese Weise zermürbt. Sie geben auf oder erleben das Ende ihres Prozesses nicht mehr. Gutachten sind oft Gefälligkeitsgutachten. So gerät unsere Rechtsprechung in die Hände von (privaten) Interessenvertretern. Die Justiz erscheint ungerecht und taktlos – von der „blinden Weisheit" der Justitia weit entfernt.

Frieden, Tapferkeit, Klugheit, Großherzigkeit, Mäßigung und Gerechtigkeit, außerdem Barmherzigkeit, Hoffnung und Vertrauen sind allesamt Zeichen für gutes Regieren. Einzeln betrachtet und auf die Gegenwart übertragen, ergibt sich folgendes Bild:

- **Frieden**. Unfrieden, z. B. in der Ukraine und im Nahen Osten, wird von europäischen Staaten und maßgeblich auch von den Fehlentscheidungen deutscher Politiker geschaffen. Waffenexporte, auch in „Schurkenstaaten", werden von der Politik massiv unterstützt.

- **Tapferkeit** ist unerschrockenes, mutiges Verhalten im Augenblick der Gefahr. [126] Entschlossenheit, Kühnheit und Rückgrat gehen damit einher. Letzte Spuren davon sind noch erkennbar. In Zeiten von Helmut Schmidt, Willy Brandt, Herbert Wehner und Franz Josef Strauß waren sie als Tugenden präsent.

- **Klugheit** ist heute immer noch präsent. Sie wird aber zum Eigenwohl und zum Wohle der Wirtschaft eingesetzt, und das im erheblichen Maße. Die Gesellschaft profitiert nicht davon.

- **Großherzigkeit** ist gänzlich abwesend. Das belegen die Ereignisse und das Verhalten der europäischen Regierungen in der Flüchtlingsfrage. Wenn Menschen auf dem Mittelmeer sich selbst überlassen werden, wenn Hilfe versagt wird oder auf der sog. Balkanroute menschenunwürdige Zustände herrschen, kann man von Großherzigkeit nicht mehr sprechen. Dasselbe gilt für Arbeitslose, Alleinerziehende und Geringverdiener. Sie zahlen den Preis für eine verfehlte Wirtschafts- und Finanzpolitik.

- **Mäßigung** bedeutet Maß halten, abmildern und einschränken. Selbst Deutschland ist, trotz der vom Finanzminister gepriesenen „schwarzen Null", hoch verschuldet. Wir haben so viele Schulden, dass eine Rückzahlung Illusion ist. Beim Thema Staatsschulden hat jeder Griechenland im Sinn. Wir sollten aber zuerst vor unserer eigenen Haustür kehren. Schuldenpolitik ist das Gegenteil von Mäßigung. Stattdessen beherrscht eine Überregulierung das Feld, die den

Krümmungsgrad einer Banane festlegt und Glühlampen durch hochgiftige, quecksilberverseuchte Energiesparlampen ersetzt. Auch unser Steuersystem ist ein gutes Beispiel für maßlose Regulierung.

- **Gerechtigkeit** bedeutet die Chancengleichheit für alle. Bei der Interessenvertretung, steuerlichen Behandlung, Einkommensmöglichkeiten und vielen anderen Bereichen besteht erhebliche Ungleichheit.

- **Barmherzigkeit** bedeutet Nachsichtigkeit und Wohltätigkeit. Sie existiert nur noch in der Kirche und bei Privatpersonen. In der Politik ist sie bis zur Unkenntlichkeit verkümmert. Politiker leben dem Wähler eine – ihre eigene – erbarmungslose und egoistische Welt vor.

- „Die **Hoffnung** stirbt zuletzt", heißt es. Sie ist jedoch, das kann man mit Recht sagen, bei mehr als der Hälfte der Bevölkerung gestorben. Die Politik bedient sich selbst, die Wirtschaft strebt nach mehr Macht, die Bürger bleiben auf der Strecke. Sie und sogar ihre Repräsentanten in den Parlamenten werden von Entscheidungen, etwa zu TTIP, ausgeschlossen.

- **Vertrauen.** Nach einem Dokument von Friedrich-Ebert-Stiftung und „Management und Politik" halten nur 14 % der deutschen Bürger Politiker für ehrlich.[127] Vertrauen ist in unserer politischen Gegenwart also verdampft.

Im vorangegangenen Absatz haben wir festgestellt, dass die Tugenden im Sinnbild des guten Regierens in der deutschen Politik nicht mehr vorkommen. Es ist nun zu untersuchen, in wie weit sich dies bereits in unserem Alltag ausgewirkt hat.

In den Fresken Lorenzettis regt gutes Regieren Arbeit und Kultur an. Es herrschen Gerechtigkeit, Frieden und Zufriedenheit. Davon ist in der heutigen Gesellschaft nicht mehr viel zu spüren. Wir haben eine Ellbogengesellschaft, in der viele nur noch an sich selbst denken. Das wird durch „schlechte" Politik zugunsten der Wirtschaft noch gefördert. Den Konzernen bleiben Gewinne, Manager füllen ihre Taschen, Aktionäre streichen Dividenden ein. Politische Ämter werden als Ausgangsbasis für lukrative Jobs in der Wirtschaft genutzt. Erblühen Handel und Arbeit aber dennoch, wie weithin behauptet? Und wer profitiert davon? Die Wirtschaft profitiert von niedrigen Löhnen und der Staat von Steuern und Abgaben, die auch dem Geringverdiener abgeknöpft werden. Der Bürger wird um die Früchte seiner Arbeit gebracht. So kann von Sorglosigkeit und Gelassenheit nicht die Rede sein. Stattdessen ist Existenzangst mit den Händen zu greifen. 52 % der Deutschen hatten 2015 Angst vor dem Terrorismus, 37 % fürchteten sich aber auch vor einem niedrigen Lebensstandard im Alter.[128]

Man muss also feststellen, dass gutes Regieren durch Abwesenheit glänzt und sich dies bereits in hohem Maße auf unser Verhalten und unseren Alltag ausgewirkt hat. Um dies zu belegen, kann man noch die

Aussagen der dritten Lorenzetti-Freske heranziehen. Ist heute der Staat der Teufel? Tatsächlich ist die Demokratie in Gefahr. Willkürherrschaft und Absolutismus erheben ihr Haupt. Der Bürger wird Lobbyisten und Populisten ausgeliefert. Entscheidungen werden ohne ihn getroffen. Außerdem wird er immer schärfer überwacht und kontrolliert.

Betrachten wir nun das schlechte Regieren:

- **Grausamkeit.** Hier ist sicher nicht körperliche Grausamkeit gemeint. Grausam ist es aber, wenn man Flüchtlinge im Mittelmeer ertrinken lässt, Kindern keine ausreichende Bildung ermöglicht und Rentner bis ins hohe Alter arbeiten lässt, weil sie mit 600 € im Monat nicht auskommen.

- **Verrat.** Politiker sind gegenüber dem Bürger illoyal und untreu – üben ihm gegenüber also Verrat.

- **Betrug.** Die Griechenland-Rettung kann als Beispiel für Insolvenzverschleppung und Bilanzfälschung gelten.

- **Wut.** PEGIDA und AFD haben gezeigt, dass sich eine Menge Wut angesammelt hat. Die Politik ignorierte dies und stellte die „Wutbürger" in die rechte Ecke. So kann sich Enttäuschung erst recht entfalten.

- **Zank** ist weit verbreitet und gesellschaftsfähig. Er beginnt im Straßenverkehr und endet in der Weltpolitik.

- **Kriege** gibt es zuhauf, was man allerdings nicht nur den europäischen Staaten anlasten kann. Dennoch hat der Westen einen großen Anteil an den militärischen Konflikten in der Ost-Ukraine, in Syrien, dem Irak und Afghanistan.

- **Geiz** – modern gesprochen: Sparpolitik. An Bildung wird gespart, Schwimmbäder werden geschlossen, die Infrastruktur verfällt. Auf der anderen Seite werden Milliarden für Groß- und Prestigeprojekte zum Fenster herausgeworfen.

- **Hochmut** ist, wenn Personen ihren eigenen Wert, ihren Rang oder ihre Fähigkeiten ungebührlich hoch einschätzen. – der Arroganz in der Politik sind in diesem Buch viele Kapitel gewidmet.

- **Eitelkeit** ist die übertriebene Sorge um die eigene körperliche Schönheit, die geistige Vollkommenheit, den eigenen Körper, das Aussehen, die Attraktivität oder die Wohlgeformtheit des eigenen Charakters. In den Medien geben die Politiker genau dieses Bild ab.

Ambrogio Lorenzettis Fresken haben nicht an Aktualität verloren.

Im Jahr 2025

2025 werden Politiker nicht weniger bürgerfeindlich sein als heute. Es ist kaum wahrscheinlich, dass in der nächsten Generation Politiker anderen Typs an der Spitze stehen. Das „Schauspiel Politik" wird noch absurder sein, der Bürger werden noch mehr ausgenommen. Die kleine Gruppe der Reichsten wird einen noch größeren Anteil am Volksvermögen besitzen, die Ärmsten werden noch weniger Geld haben. Politische Entscheidungen werden soziale Unruhen auslösen.

In Migrantenlagern werden menschenunwürdige Bedingungen herrschen und die Innenminister werden vorbeikommen und sich mit den Lorbeeren der Hilfsorganisationen und der ehrenamtlichen Helfer schmücken. Die Lager werden dann nicht nur mit Kriegsflüchtlingen gefüllt sein, sondern auch mit Flüchtlingen, denen die Lebensgrundlage durch den Klimawandel entzogen wurde. International werden die Industriestaaten die Länder des Südens weiter auspressen, sodass auch die Zahl der Migranten von dort weiter steigen wird.

2025 wird uns die Staatsverschuldung in den Ruin getrieben haben. Börsen- und Immobilienblasen werden platzen. Euro und EU werden vielleicht Geschichte sein. Die Finanz- und Wirtschaftselite wird auf einem stattlichen Vermögen sitzen. Der normale Bürger wird weiterhin von „Sachwerten" träumen; sein wichtigstes Anliegen wird das Überleben sein, nicht die politische Gestaltung.

Damit der Konsum nicht stirbt, werden sich die Privathaushalte noch mehr verschulden. Um sich den Lebensunterhalt zu sichern, werden die Erwerbstätigen vier oder fünf prekäre Jobs annehmen. Die Mittelschicht wird ausdünnen, der Abstand zwischen Arm und Reich wird noch größer sein, der soziale Frieden wird schwinden. Entwicklungen wie in der

Ukraine, wo die Straßen voller Porsches, Bentleys und SUVs sind und sich viele Menschen dennoch Gedanken um das tägliche Brot machen müssen, wird auch in Deutschland Normalität sein. Immerhin: Dieser Prozess wird sich schleichend vollziehen, sodass wir uns langsam daran gewöhnen werden.

Die Kommunen werden weiter die Zeche für politische Fehlentscheidungen auf Bundesebene zahlen. Die Städte werden an Attraktivität verlieren, weil sie ihre öffentlichen Ausgaben zurückfahren müssen. Gleichzeitig wird die allgemeine Lebensqualität sinken. Es werden geschlossene Villenviertel entstehen, die von privaten Sicherheitsdiensten bewacht werden. Die Stadtverwaltungen werden versuchen, die Bürger weiter auspressen. Was wird ihnen auch übrig bleiben? Sie müssen zusätzliche Einnahmequellen generieren. Vielleicht durch den massenhaften Verkauf von persönlichen Daten der Einwohnermeldeämter an kommerzielle Adressenhändler?

Gleichzeitig wird die Lebensqualität in den Städten sinken. Solange die EU noch existieren wird, wird der Brüsseler Bürokratenmoloch weiter wachsen und uns irgendwann vorschreiben, dass wir beim Kochen zu Hause Einmalhandschuhe zu tragen haben. Ansonsten wird weiter unser Steuergeld vernichtet, z. B. Jahr für Jahr 200 Mio. € plus „Inflationszuschlag" für den Umzugszirkus zwischen Brüssel und Straßburg. In der EU-Kommission sind heute offiziell 21.500 Beamte und Bedienstete beschäftigt. Ihre Zahl wird sich bis

2025 stetig erhöhen. Die Abgeordneten des Europäischen Parlaments werden weiterhin Familienangehörige in ihren Büros beschäftigen. Die Nebenverdienste der Politiker werden höher sein als die regulären Gehälter. So wird die Politik immer weiter in die Fänge der Wirtschaft geraten. Der Bürger wird zwar noch wählen dürfen, eine Wahl wird er aber nicht mehr haben.

Smarte Kommunikation, Smart-TV, smarte Haustechnik und smarte Autos, von den Internetriesen ersonnen und gebaut, werden unseren Alltag angenehm, aber gläsern machen. Wird unser Thermostat auf 20 Grad eingestellt sein, werden wir mit Werbung für Decken und warmer Kleidung bombardiert. Mögen wir es kühler, wird auch das registriert und es wird Werbung für Klimaanlagen „eingespielt". Die Unternehmen werden wissen, wann wir wohin gehen oder fahren und wie schnell und wie oft wir das tun. Datenschutz ist nur noch eine Illusion.

CETA und TTIP werden dafür sorgen, dass sich ganze Staaten im Würgegriff der Wirtschaft befinden. Durch den Klimawandel wird vielen Menschen die Lebensgrundlage entzogen, während die meisten Industriestaaten den Klimaschutz immer noch ignorieren werden. Dafür wird der Bürger für den Rückbau der Atomkraftwerke zur Kasse gebeten werden.

Die westlichen Staaten werden sich durch verantwortungslose Außenpolitik weitere

Terrorgruppen herangezogen haben, bis vom Nahen Osten nicht mehr viel übrig ist. Terroranschläge in Europa werden dann zum Alltag gehören. Diese Welt werden wir unseren Kindern und Enkeln hinterlassen – sofern sich die Politik nicht ändert. Was sie tun muss, ist im nächsten Kapitel beschrieben.

Was die Politik tun muss

Solange Politiker unehrlich sind, wird es auch Politikverdrossenheit geben. Die Politik muss ihre Glaubwürdigkeit einer Generalkur unterziehen, indem sie die Schauspielerei beendet, Fakten sprechen lässt, statt sich weiter aus egoistischen oder parteiegoistischen Gründen in Szene zu setzen. Man muss die Heuchelei, wie sie in der Flüchtlingspolitik besonders ausgeprägt ist, beenden und die desaströse Finanzpolitik ändern.

Bisher regiert Ratlosigkeit in Berlin. In der Flüchtlingspolitik setzt man auf Abschottung. In der Finanzpolitik versprach man uns in Finanzkrisen „Unsere Guthaben sind sicher", obwohl diese tatsächlich gefährdet waren. Der Terrorismus ist in Europa angekommen, Aktionismus soll das Problem lösen. Immer wieder fällt auf, dass Politiker sagen, was sie alles tun müssen. Leider bleibt es allzu häufig bei dieser Feststellung, konkretes Handeln erfolgt in den wenigsten Fällen. Die „kalte Progression" ist das beste Beispiel. Seit mehr als zwanzig Jahren wird uns erklärt, dass diese beendet werden muss. Passiert ist bis heute nichts. Es scheint, dass die Politik gar kein Interesse hat, diese Einnahmequelle auszutrocknen. Wer wundert sich noch, wenn die Wahlbeteiligung niedrig ist?

Was muss die Politik tun, um wieder Wähler zu gewinnen und die Wahlbeteiligung wieder auf ein demokratisch vernünftiges Maß zu bringen? Wie gewinnt die Politik ihre Glaubwürdigkeit zurück?

- die Politik muss Veränderungen einleiten und nicht nur Probleme verwalten. Entscheidungen im Syrien- und Ukraine-Konflikt, in der Flüchtlingspolitik und der europäischen Finanzpolitik sind dringend erforderlich. Die Flickschusterei muss ein Ende haben.

- für eine Politik zugunsten der Rüstungsindustrie, die bewaffnete Konflikte fördert, und zur Ausbeutung der Entwicklungsländer darf es kein Platz mehr geben.

- die Politiker müssen wieder dem Wähler zuhören, sich um deren Probleme kümmern und sich für deren Interessen einsetzen.

- Deutschland ist ein souveräner Staat. Deshalb dürfen Politiker sich nicht zu Marionetten anderer Organisationen und Staaten machen lassen.

- die deutsche Politik darf sich nicht mehr am amerikanischen Neokonservatismus orientieren und muss sich auch vom Neoliberalismus abwenden, weil dieser nur die großen Konzerne begünstigt.

- es muss eine einheitliche europäische Flüchtlingspolitik geben ohne Stacheldraht und gegenseitige Schuldzuweisungen.

- der Staat muss aufhören, seine sozialen Aufgaben zu vernachlässigen oder diese zu privatisieren. Stattdessen muss er für soziale Ausgewogenheit sorgen.

- es muss im Interesse der Unter- und Mittelschicht mehr Geld für das Bildungssystem und die Infrastruktur investiert werden.

- der Datenschutz muss im Interesse des Bürgers gestaltet und den Internetgiganten müssen Grenzen gesetzt werden. Die Menschheit darf sich nicht zum Sklaven der Digitalisierung machen.

- die Politiker müssen ihre populistischen und inhaltslosen Reden durch faktenorientierte und konstruktiv kritische Diskussionen ersetzen.

- Politik muss wieder sachorientiert werden. Sie darf nicht mehr ausschließlich den Interessen der Wirtschaft folgen.

- der Wahlkampf muss auf eine kurze Zeitspanne beschränkt werden.

- die Zivilgesellschaft muss stärker von der Politik gehört und in die Entscheidungsprozesse eingebunden werden, z. B. durch Volksentscheide.

Die Gesellschaft wird vielleicht in der Lage sein, diese Forderungen durchzusetzen. Die Medien tragen sicher auch ihren Teil dazu bei. TV-Magazine wie „Monitor",

„Plusminus" und „Fakt" berichten immer wieder über unglaubliche Dinge, die von der Politik herbeigeführt und begünstigt bzw. ignoriert werden. Themen werden ihnen auch in Zukunft nicht ausgehen.

Schlusswort

Die wahren Helden sind die vielen freiwilligen und in NGOs organisierte Helfer, Mitarbeiter der Kommunen und unsere Polizei- und Feuerwehrleute. Auch den vielen ehrenamtlichen Mitarbeitern der Tafeln gebührt ein kräftiges Lob, denn sie unterstützen die Ärmsten. Daher sollten sie bzw. die Organisationen, für die sie arbeiten, kräftig unterstützt werden. Denn hier äußert sich die Zivilgesellschaft – lebendig, unabhängig und kritisch.

Unterstützung verdienen auch LobbyControl, abgeordnetenwatch.de, Greenpeace, Oxfam, die Occupy-Bewegung, das Deutsche Rote Kreuz und viele andere mehr. Es ist wünschenswert, wenn sich diese Nichtregierungsorganisationen zu gemeinsamen Projekten zusammenfänden und damit ihren Einfluss auf die Politik verstärkten. Ich kann Spenden für sie bzw. deren Projekte jedenfalls mit gutem Gewissen empfehlen.

[1]Umstrittene Gasförderung - Diese Fracking-Regeln sollen in Deutschland gelten, www.sueddeutsche.de, 1.4.2015
[2]Westerwelle gründet eigene Stiftung, www.handelsblatt.com, 18.12.2013
[3]Volksbegehrensbericht 2015, S. 5, www.mehr-demokratie.de
[4]Moral, www.wasistwas.de
[5]bei Anne Will, Die Glaubensfrage - Gehört der Islam zu Deutschland?, 28.1.15
[6]Statistisches Bundesamt - Fachserie 14 Reihe 4 - Finanzen und Steuern - Steuerhaushalt, S. 10, www.destatis.de
[7]So viel nimmt Deutschland mit der Maut ein, www.statista.com
[8]http://www.promobilitaet.de/zahlen-fakten-statistik/finanzierung-verkehrsinfrastruktur/investitionen-in-bundesverkehrswege
[9]bei Tagesthemen, 3.2.2014
[10]Glaubwürdigkeit, www.wikipedia.de
[11]Vertrauen, Redlichkeit, www.wikipedia.de
[12]Kompetenz (Pädagogik), www.wikipedia.de
[13]Edmund Stoibers unsterbliche Transrapid-Rede, www.welt.de, 27.2.2008
[14]"Sozialtourismus" ist das Unwort des Jahres, Süddeutsche Zeitung, 14. Januar 2014
[15]„Alternativlos" ist das Unwort des Jahres, Tagesschau, 18. Januar 2011
[16]Die Unwörter von 2000 bis 2009 - Unwort 2008, www.unwortdesjahres.net
[17]Die Unwörter von 2000 bis 2009 - Unwort 2007, www.unwortdesjahres.net
[18]Die Unwörter von 2000 bis 2009 - Unwort 2006, www.unwortdesjahres.net
[19]Die Unwörter von 2000 bis 2009 - Unwort 2004, www.unwortdesjahres.net
[20]Die Unwörter von 2000 bis 2009 - Unwort 2003, www.unwortdesjahres.net
[21]Die Unwörter von 2000 bis 2009 - Unwort 2002, www.unwortdesjahres.net
[22]Die Unwörter von 1991 bis 1999 - Unwort 1995,

www.unwortdesjahres.net

[23]Jan Dams, Anja Ettel, Martin Greive, Holger Zschäpitz, Merkel will die Deutschen durch Nudging erziehen, www.welt.de, 12.3.2015

[24]Philip Plickert und Hanno Beck, Kanzlerin sucht Verhaltensforscher, www.faz.net, 26.8.2014

[25]The Behavioural Insights Team - The Team, www.behaviouralinsights.co.uk

[26]Jan Dams, Anja Ettel, Martin Greive, Holger Zschäpitz, Merkel will die Deutschen durch Nudging erziehen, www.welt.de, 12.3.2015

[27]Definitionen Psychologie, Soziologie, Anthropologie und Verhaltensökonomie aus www.wikipedia.de

[28]Schauspieler, www.wikipedia.de

[29]Oliver Weber, Was uns die berühmte Merkel-Raute sagen will, www.huffingtonpost.de, 16.6.2015

[30]Trauermarsch in Paris Fotos von Spitzenpolitikern in abgesperrter Straße aufgenommen, www.spiegel.de, 12.1.2015

[31]Germanwatch Klimaschutzindex 2014, 8602 Klimaschutzindex.pdf, S. 3

[32]bei ARD Panorama, Klimakatastrophe: Wie Deutschland daran verdienen will, 25.6.2015

[33]G7-Gipfel 2015 auf Schloss Elmau: Die wichtigsten Fragen und Antworten, Franz Rohleder, www.merkur.de, 7.6.2015

[34]Krankenhaushygiene - Tausende Todesfälle durch resistente Keime , www.spiegel.de, 10.4.2015

[35]2014: U.S. trade in goods with Russia, United States Census Bureau, www.census.gov

[36]errechnet mit „Wahl-O-Mat" (2013), www.bpb.de/politik/wahlen/wahl-o-mat

[37]bei Maybrit Illner, Mord im Namen Allahs - woher kommen Hass und Terror?, 22.1.2015

[38]Neue Flüchtlingswelle aus Afghanistan (Wochenrückblick), Dirk Müller, www.cashkurs.de, 3.10.2015

[39]Wer den Wind sät, Michael Lüders, Verlag C.H.Beck, München, 2015, S. 48

[40]Wer den Wind sät, Michael Lüders, Verlag C.H.Beck, München, 2015, S. 48

[41]www.waffenexporte.org, 24.06.2015 Rüstungsexportbericht der Bundesregierung für das Jahr 2014

[42]Rüstungsexporte laufen wie geschmiert - Entgegen aller Ankündigungen hat die Bundesregierung bis Juni 2015 Waffenverkäufe im Wert von 3,5 Milliarden Euro genehmigt, Badische Zeitung, 21.10.2015

[43]aus www.finanzen.net

[44]aus SIPRI Arms Industry Database, SIPRI-Top-100-2002-2015.xls

[45]Wer den Wind sät, Michael Lüders, Verlag C.H.Beck, München, 2015, S. 103

[46]Terrorismus, www.duden.de

[47]Bundeszentrale für Politische Bildung, Die Definition von Terrorismus, Prof. Dr. Andreas Elter, www.bpb.de

[48]Wer den Wind sät, Michael Lüders, Verlag C.H.Beck, München, 2015, S. 113/114

[49]Wer den Wind sät, Michael Lüders, Verlag C.H.Beck, München, 2015, S. 115

[50]bei ARD Monitor, 23.7.2015

[51]Victor Ponta - Plagiatsaffäre, www.wikipedia.de

[52]Christoph B. Schiltz, EU-Geheimbericht prangert Korruption im Kosovo an, www.welt.de, 18.12.2008

[53]EU kritisiert Kriminalität und Korruption im Kosovo, www.derstandard.at, 31.10.2012

[54]Corruption Perceptions Index 2014: Results, www.transparency.org

[55]A Danish Answer to Radical Jihad, Manfred Ertel und Ralf Hoppe, www.spiegel.de, 23.2.2015

[56]Bericht zur Armutsentwicklung in Deutschland 2016, Der Paritätische Gesamtverband, www.der-paritaetische.de, S. 21,23 und 24

[57]Bericht zur Armutsentwicklung in Deutschland 2016, Der Paritätische Gesamtverband, www.der-paritaetische.de, S. 36

[58]Staatsverschuldung in der Europäischen Union (EU), www.haushaltssteuerung.de, 25.4.2016

[59]Warum ist eine Staatsfinanzierung durch Gelddrucken verboten?, www.bundesbank.de

[60]Europäische Zentralbank - Kapitalzeichnung (1.1.2015),

www.ecb.europa.eu

[61]Die große Geldflut: Nachschlag gefällig?, Frank Meyer, www.cashkurs.com, 28.10.2015, demnach hat die EZB Papiere im Wert von 5,3 % der Eurozone gekauft,
BIP Eurozone war 2014: 10,1 Billionen Euro, Europäische Union & Euro-Zone: Bruttoinlandsprodukt (BIP) in jeweiligen Preisen von 2005 bis 2015 (in Billionen Euro), www.statista.com
5,3 % von 10,1 Billionen Euro: 535,3 Milliarden Euro

[62]bei ARTE - Staatsgeheimnis Bankenrettung, Harald Schumann, 25.6.2013

[63]Bundeszentrale für politische Bildung, Wie wird Arbeitslosigkeit gemessen?, www.bpb.de, 31.1.2014

[64]Bundeszentrale für politische Bildung, Wie wird Arbeitslosigkeit gemessen?, www.bpb.de, 31.1.2014

[65]http://de.statista.com/statistik/daten/studie/1224/umfrage/arbeitslosenquote-in-deutschland-seit-1995/

[66]Hochrechnung auf Grundlage der Daten aus der Tabelle „Registrierte Arbeitslose und Unterbeschäftigte September 2013" und "jz-arbeitslosigkeit-unterbeschaeftigung-d-0-201512-xls" der BA

[67]Anna Reimann, Wer sind die Flüchtlinge? Woher kommen sie?, www.spiegel.de, 20.4.2015

[68]Einwohnerzahlen: The Worls Factbook, www.cia.gov (Stand: Juli 2016)   Flüchtlingszahlen: Figures at a glance - Top hosting countries, www.unhcr.org (Stand Juni 2016)

[69]Jakob Gericke, Flüchtlingspolitik der EU nach dem Unglück bei Lampedusa, www.radio-mittweida.de, 11.10.2013

[70]Stand Herbst 2015

[71]Tabelle II.07-01, UNHCR

[72]Wert der Rüstungsexporte aus Deutschland von 2000 bis 2015 (anhand des TIV* in Millionen US-Dollar), www.statista.com

[73]Tragik der Allmende, www.wikipedia.de

[74]bei ARD Report Mainz vom 27.1.2015

[75]Saftige Nachforderung für Straßenreinigung, www.lokalkompass.de

[76]Jürgen Schwenkenbecher, Staatsanwaltschaft untersucht, ob der Abwasserzweckverband eine Firma bevorzugte
Korruptionsverdacht beim Flughafenbau, www.berliner-

zeitung.de, 21.05.2010

[77]Alexander Fröhlich und Thorsten Metzner, Fristlose Kündigung am BER - Ex-Technikchef Großmann zieht Klage zurück, www.tagesspiegel.de, 28.10.2014

[78]Thorsten Metzner, Korruption am Flughafen BER - die Akte Imtech, www.tagesspiegel.de, 6.3.2015

[79]Kassenmäßige Steuereinnahmen nach Steuerarten in den Kalenderjahren 2010 - 2014, www.bundesfinanzministerium.de

[80]Kassenmäßige Steuereinnahmen nach Steuerarten in den Kalenderjahren 2010 - 2014, www.bundesfinanzministerium.de

[81]bei ZDF WISO vom 31.8.2015

[82]PKW-Maut (Infrastrukturabgabe), www.kfz-steuer-info.de

[83]Christian Rothenberg im Gespräch mit Jürgen Albrecht vom ADAC, ADAC verurteilt Dobrindts Pläne"Die Maut-Einnahmen sind zu niedrig", www.n-tv.de, 30.10.2014

[84]Strompreisentwicklung & Zusammensetzung der Preisbestandteile, www.stromsparer.de

[85]Erneuerbare-Energien-von-der-EEG-Umlage-befreite-Unternehmen-24-5-2016.xlsx, von der EEG-Umlage befreite Unternehmen, www.oekologische-plattform.de, 25.6.2016

[86]bei ARD Monitor, 15.1.2015

[87]WDR-Nachrichten vom 4.11.2015

[88]TTIP, CETA, www.wikipedia.de

[89]Jean-Claude Juncker, Ein neuer Start für Europa: Meine Agenda für Jobs, Wachstum, Fairness und demokratischen Wandel, 15.7.2014

[90]Malte Kreutzfeldt, „Reich und hysterisch", www.taz.de, 3.11.2015

[91]Umweltinstitut München e.V. -Fracking, www.umweltinstitut.org

[92]bei ARD Monitor - "Fracking" Einfach mal Gift ins Grundwasser!, 18.11.2010

[93]Dennis L., Forscher bestätigen - Fracking kontaminiert das Wasser, www.forschung-und-wissen.de

[94]Benjamin Reuter, Umweltschäden - Neue Studien heizen Fracking-Diskussion an www.wiwo.de, 19.8.2013

[95]Anfrage an Bundeskanzlerin Merkel von Rainer Hedden, TTIP, Geheimniskrämerei und Amtseid der Bundeskanzleri,

www.direktzu.de, 26.5.2015
[96]bei ARD-Reportage „Der große Deal – Geheimakte Freihandelsabkommen", Kim Otto und Stephan Stuchlik, 4.8.14
[97]bei ARD-Reportage „Der große Deal – Geheimakte Freihandelsabkommen", Kim Otto und Stephan Stuchlik, 4.8.14
[98]bei ARD-Reportage „Der große Deal – Geheimakte Freihandelsabkommen", Kim Otto und Stephan Stuchlik, 4.8.14
[99]Dr. Siegfried Broß, Hans Böckler Stiftung - Freihandelsabkommen, einige Anmerkungen zur Problematik der privaten Schiedsgerichtsbarkeit, www.boeckler.de, Januar 2015
[100]Peter Burghardt, Nikotin für die Nation, www.sueddeutsche.de, 31.5.2011 und Sandra Weiss, Philip Morris klagt gegen Rauchverbot in Uruguay, www.welt.de, 26.5.2011
[101]Blog „Proponents push back as TTIP enters 5th round", The Greens/EFA in the european parliament
[102]bei ARD-Reportage „Der große Deal – Geheimakte Freihandelsabkommen", Kim Otto und Stephan Stuchlik, 4.8.14
[103]bei ARD-Reportage „Der große Deal – Geheimakte Freihandelsabkommen", Kim Otto und Stephan Stuchlik, 4.8.14
[104]bei ARD Die Story im Ersten „Wohlstand für alle: Was bringen Freihandelsabkommen?", Tilman Achtnich, 18.5.2015
[105]bei ARD Die Story im Ersten „Wohlstand für alle: Was bringen Freihandelsabkommen?", Tilman Achtnich, 18.5.2015
[106]Zahlen von Altersstruktur, www.wikipedia.de
[107]rank Stocker, Nullzinspolitik kostet jeden Deutschen 1400 Euro, www.welt.de, 9.4.2015
[108]Ständig aktualisierte Fassung der öffentlichen Liste über die Registrierung von Verbänden und deren Vertretern, www.bundestag.de, 13.1.2017, Martin Reyher, Bundestag vergab 1.000 Lobbyisten-Hausausweise im Geheimverfahren, www.abgeordnetenwatch.de, 27.1.2015
[109]Ständig aktualisierte Fassung der öffentlichen Liste über die Registrierung von Verbänden und deren Vertretern, www.bundestag.de, 13.1.2017
[110]Lobbyismus an Schulen zurückdrängen, www.lobbycontrol.de
[111]Test: Selbstbeschränkung bei Kinder-Werbung wirkungslos, www.foodwatch.org, 24.8.2015

[112]Korruption, www.wikipedia.de

[113]Wenn das große Geld lockt, www.faz.net, 4.2.2015

[114]Jobsperre für Ex-Politiker Wie ernst nimmt die Bundesregierung das Karenzzeit-Gesetz?, www.diebuergerlobby.de

[115]bei ZDF „Der gläserne Deutsche – wie wir Bürger ausgespäht werden", Ulrike Brödermann und Michael Strompen, 08.04.2009

[116]Gerichtshof der Europäischen Union. PRESSEMITTEILUNG Nr. 117/15 vom 6.10.2015

[117]Christian Kerl, Safe Harbor - Politik in Berlin begrüßt das Urteil als „starkes Signal", www.morgenpost.de, 7.10.2015

[118]bei ZDF „Der gläserne Deutsche – wie wir Bürger ausgespäht werden", Ulrike Brödermann und Michael Strompen, 08.04.2009

[119]Jochen Gaugele, Daniel Friedrich Sturm, SPD bringt wochenlange Bundestagswahl ins Spiel, www.welt.de, 26.12.2014

[120]http://www.bpb.de/dialog/europawahlblog-2014/185215/interaktive-grafiken-die-wahlbeteiligung-bei-europawahlen

[121]Endgültige Wahlbeteiligung und Stimmabgabe bei den Europawahlen 2014 und 2009 nach kreisfreien Städten und Landkreisen, www.bundeswahlleiter.de

[122]Wahlbeteiligung 71,5 %, Vorläufiges amtliches Endergebnis, www.bundeswahlleiter.de

[123]Der Bundeswahlleiter, Ergebnisse früherer Bundestagswahlen

[124]„Was machen die Politiker schon für uns?", www.general-anzeiger-bonn.de, 14.9.2015

[125]Ministerium für Inneres und Kommunales des Landes Nordrhein-Westfalen, KOMMUNALWAHLEN 2015 Vorläufige Ergebnisse – (Ober)Bürgermeister- bzw. Landratswahl – einschließlich der Stichwahl in Nordrhein-Westfalen

[126]Tapferkeit, www.duden.de

[127]Katrin Matuschek und Valerie Lange, Politik und Glaubwürdigkeit, Akademie Management und Politik der Friedrich-Ebert-Stiftung

[128]Die Deutschen haben große Angst vor..., www.statista.com